KB252163

알파고
VS
이세돌

알파고 VS 이세돌

홍민표(프로 9단) 지음 | 김진호(서울과학종합대학원 교수) 해제

이상

알파고 VS 이세돌

초판 1쇄 펴낸날 2016년 4월 29일

지은이 홍민표
펴낸이 이상규
편집인 김훈태
표지 디자인 엄혜리
본문 디자인 오은영
마케팅 김선곤

펴낸곳 이상미디어
등록번호 209-06-98501
주소 서울 성북구 정릉동 667-1 4층
대표전화 02-913-8888
팩스 02-913-7711
이메일 leesangbooks@gmail.com

ISBN 979-11-5893-014-1 13690

알파고
제대로 이해하기

김진호(서울과학종합대학원 빅데이터 MBA 주임교수)

인공지능 바둑 프로그램인 알파고가 세계 최초로 프로선수인 판 후이 2단을 5:0으로 완승하고 세계 최강인 이세돌 9단에게 도전장을 내밀었을 때 나는 경악했다. 크레이지 스톤(Crazy Stone)이나 젠(Zen)과 같은 현재 최강의 인공지능 바둑 프로그램도 기껏해야 아마 5~6단 수준에 불과했는데 어느 날 갑자기 프로선수를 제압하더니 다시 최강의 프로 9단에게 감히 도전장을 낼 정도로 급성장했다는 것을 믿을 수 없었다. 게다가 알파고 측에서는 이세돌과의 대결에서도 정말 자신이 넘쳐 있었다. "알파고가 판 후이 2단과 두었을 때보다도 더 늘기는 했을지라도 이번에 이세돌을 이기기는 힘들 것이다."라는 세간의 평가에 대해서 알파고를 개발한 구글 딥마인드의 하사비스 대표는 이렇게 간명하게 대답했다: "그들은 프로그래머가 아니다(They are not programmers!)." 이 말의 의미는 자신들은 프로그래머이며 프로그래머로서 이번 대결에서 이미 승리한다는 것을 검증하고 나서 도전한다는 뜻이다. 알파고는 이세돌 9단과 한 번 겨뤄보려고 오는 것이 아니라 압도적인 승리를 온 세계에 확인시켜주기 위해 서울로 오는 거였다!

그들의 이런 믿기 어려운 확신이 도대체 어디서 나온 것인지 확인하기 위해서 그들이 네이처에 발표한 알파고에 관한 논문 '바둑 정복(심층인공신경망과 트리 탐색으로 바둑 정복)'이라고 거만하게(?) 제목을 붙인 논문을 수차례 꼼꼼히 정독했다. 또한 그 논문에 참여한 공저자 20명의 지난 10여 년의 연구도 추적했다. 그리고 나는 결론을 내렸다. 이번 대결에서 알파고가 완승할 것이고 만약 이세돌 9단이 1승이라도 한다면 그것은 그가 천재이기 때문이라고. 하지만 이렇게 공개적으로 예상한 전문가는 나뿐이었다. 내 예상은 이세돌 9단이 알파고에게 이길 수 없으니까 나중에 후회하지 않는 대결이 되기 위해서라도 5국 전체에 대한 전략을 짜서 단단히 준비하라는 조언이었지만 누구도 내 말을 귀담아듣지 않았다. 그렇다면 나는 왜 알파고가 압승할 것이라고 결론을 내렸을까?

그 동안 인공지능이 바둑 정복에 실패한 이유

바둑을 제외한 모든 고전게임은 이미 오래 전에 인공지능이 인간을 정복했다. 체스에서는 1997년에 IBM의 '딥블루'가 체스 세계챔피언 카스파로프를 꺾었고, 역시 이 회사의 슈퍼 컴퓨터 '왓슨'은 2011년에 미국의 TV 퀴즈쇼 '제퍼디'에서 인간 챔피언들을 제압했다. 그렇지만 전문가들은 바둑에서는 앞으로도 최소한 10년은 더 있어야 그런 도전이(성공이 아니라!) 가능할 수도 있을 것이라고 예상했다. 바둑이 인공지능에게 어려운 이유는 두 가지 특성 때문이다.

첫째, 바둑에서는 경우의 수가 너무 많다. 한 게임에서 평균적으로 바둑판 위에 둘 수 있는 점이 평균 250개이고, 평균 150수까지 진행된다고 할 때 총 경우의 수는 $250^{150} \fallingdotseq 10^{360}$이 된다. 이 숫자는 우주 내에 존재하는 모든 원자의 개수(10^{80})보다 많고 체스(10^{123})와도 비교할 수 없을 정도로 엄청나게 더 복잡하다. 따라서 아무리 슈퍼컴퓨터를 수 만대 동원하더라도 모든 경우의 수를 따져서 승리를 보장하는 최적의 수를 찾는 것은 불가능하다. 둘째, 어떤 대국 상황에서 누가 이길 것인지를 예측하기가 매우 어렵다는 것이다. 체스나 장기의 경우에는 각각의 말들이 변하지 않는 내재적인 가치를 갖는다. 예를 들어 장기에서 차(車)가 갖는 가치는 시종일관 변하지 않는다. 따라서 어떤 상황에서 양 대국자가 갖고 있는 말들과 그 위치를 안다면 누가 이길 것인지 예측할 수 있다. 하지만 바둑에서는 돌의 가치가 모두 동일할 뿐만 아니라 상황에 따라서 수시로 변한다. 예를 들어 중요한 요석이 사석작전에 의해서 쓸모없는 말이 되어 버려지기도 하고 쓸모없는 말이 축머리가 되어 중요한 가치를 갖게 되기도 한다. 따라서 바둑에서는 바둑판 위의 돌의 수나 위치를 바탕으로 어떤 게임의 장면에서 누가 유리한지 평가하는 것이 매우 어렵다.

컴퓨터가 활성화되기 시작한 60년대 이후에 많은 연구자들이 컴퓨터 바둑 프로그램을 개발했지만, 위에서 언급한 두 가지 이유 때문에 그 수준은 5급 정도의 낮은 아마추어 수준에 머물렀다. 그러다가 2008년 경에 몬테카를로 트리 탐색(Monte Carlo tree search)이라는 시뮬레이션 기법을 적용하면서 그 수준이 아마 5단까지 비약적으로 상승했다. 이 기법은 주어진 한 수를 평가하기 위해서 그로부터 비롯되는 모든 가능성을 탐색하는 것이 아니라 무작위로 선택한

샘플만을 검토하는데(rollout), 샘플 크기를 늘리고 시뮬레이션 횟수를 증가시키면 모든 가능성을 검토한 것과 같은 평가함수가 계산된다. 아마 5단 수준의 인공지능 바둑 프로그램은 한 착수 당 2백만 번의 시뮬레이션을 실행하여 가장 승률이 높은 점을 선택하여 착수한다. 이 기법으로 빠르게 다음 착수 지점을 찾을 수는 있지만 그 정확성은 아직 프로 수준에 미치지 못하는 단점이 있다. 예를 들어 일본에서 개발된 인공지능 바둑 프로그램 젠(Zen)이 2013년에 아마추어 9단에게 3점 접바둑으로 승리를 거뒀지만 프로 수준과는 상당한 격차가 있었다. 그렇다면 프로 바둑 선수인 판 후이 2단을 역사상 처음으로 이긴 인공지능 바둑 프로그램 알파고는 어떤 구조로 되어 있을까?

알파고의 구조는 어떠한가?

알파고가 프로 선수를 이길 수 있는 놀라운 성능을 발휘하게 된 데는 딥러닝(심화학습)의 대표적인 기법인 심층 인공신경망(Convolutional Neural Network, 인간의 뇌의 복잡한 뉴런 연결망을 흉내 내는 기법)을 이용했기 때문이다. 심층 인공신경망은 비교적 새로운 기계학습 이론이지만 각종 패턴인식 대회에서 탁월한 효과를 내고 있다. 이 기법이 본격적으로 활용된 것은 2012년 이후지만 빠르게 발전하며 성과를 내고 있다. 우선 알파고는 정책망(지도학습+강화학습)과 평가망의 심층 인공신경망, 몬테카를로 시뮬레이션으로 이루어져 있다.*

정책망 : 지도 학습과 강화 학습을 통한 다음 수의 후보 예측

우선 정책망은 두 단계의 심층 인공신경망으로 이루어져 있는데 지도학습을 하는 첫 단계에서는 우선 유럽의 아마 고수들이 인터넷 바둑(KGS Go Server)에서 두었던 160,000 대국의 기보에서 29,400,000개의 바둑판 상황을 추출한 뒤, 그런 장면에서 다음 수는 어느 위치에 착수할 것인지를 배운다. 실제로 아마 고수들이 다음에 어느 위치에 착수했는지를 알고 있으니까(그래서 지도학습이라고 함) 그것으로부터 일관적인 패턴을 분석해서 흉내 내는 혹은 익히는 것이다. 이미 이 단계에서 개발된 모델은 다음 수를 예측하는데 있어서 57%의 정확도를 보였다. 이는 기존의 다른 바둑 프로그램들의 예측치인 44.4%보다도 높은 것이다. 이렇게 첫 단계에서부터 예측의 정확도를 약 30% 증가시킨 것이 알파고 승리의 한 요소이다. 그러나 첫 단계에서 엄청난 양의 기보를 바탕으로 배워서 아마 고수들의 착수를 잘 흉내 낸다고 해서 대국에서 이기는 것이 보장된 것은 아니다.

그래서 알파고는 2단계에서 다음 착수 선정의 정확도를(대국 승리와 직접적으로 연관지어) 더욱 높이기 위해서 '강화학습'을 한다. 자기 자신과의 대국, 즉 현재의 모델과 그 이전 버전의 모델에서 임의로 추출한 모델과 수백만 번의 대국을 벌이게 하고 시행착오를 통해서 스스로 학습함으로써 모델을 점차 개선하는 것이다. 예를 들어 자신이 이긴 경기에 대해서는 해당 착수들이 승리에

알파고에는 빠른 시뮬레이션을 위한(fast rollout) 심층인공신경망이 하나 더 있지만 나는 이것이 알파고의 우수한 성능과는 별로 관계가 없다고 판단한다.

기여했음을 고려하여 해당 착수의 선택 확률을 높이는 것이다. 특히 이 부분에서 알파고는 지능의 중요한 요소인 경험을 통해서 스스로 학습하는 능력을 구현하고 있다. 강화학습을 한 모델은 첫 단계의 지도학습 모델과의 경기에서 80% 이상의 승률을 기록했다. 알파고 승리의 두 번째 요소이자 가장 중요한 요소는 바로 인공지능 바둑 프로그램에서 처음으로 강화학습을 활용해서 다음 착수 선정의 정확도를 높인 것이다.

평가망과 MC 시뮬레이션 : 다음 수의 승리 확률 계산

세 번째 단계에서는 다음 착수를 최종적으로 선택하기 위해 주어진 경기 상황에서 각각의 착수 후보 위치에 다음 수를 둔다고 할 때, 이후에 나타나는 결과가 자신에게 얼마나 유리한지(승률이 얼마인지) 두 가지 기법으로 평가한다. 하나는 심층 인공신경망을 이용한 평가망(value network)*이고 다른 하나는 기존의 몬테카를로 시뮬레이션(rollout)을 이용하는 것이다. 평가망은 자신과의 3,000만 대국에서 각각 하나씩 3,000만 장면을 추출하여 심층 인공신경망으로 끝까지 두어 보지도 않은 상태에서 누가 이길 것인지 학습한 모델이다.

알파고 승리의 세 번째 요소이자 가장 중요한 요소는 바로 인공지능 바둑 프로그램에서 처음으로 심층 인공신경망을 활용하여 매우 우수한 평가함수를 개발했다는 점이다. 강화학습을 활용한 평가망은 계산은 느리지만 상대적으로 정확하고 MC 시뮬레이션은 빠르지만 상대적으로 정확도가 아마 고수 수준에

가치망(value network)이라고도 번역하지만 나는 평가망이라는 이름이 더 적절하다고 생각한다.

불과하다는 단점이 있다. 알파고는 상호 보완적인 이 두 기법의 장점을 활용하기 위해 두 기법의 결과를 50%씩 반영하여 최종 착수 위치를 결정한다. 알파고 승리의 네 번째 요소이자 역시 매우 중요한 요소는 알파고가 최선의 수를 찾는 트리 탐색에서 평가망과 몬테카를로 방법을 최초로 정교하게 결합하여 성능을 높였다는 점이다. 알파고의 구조를 좀 더 쉽게 설명하기 위하여 실제로 알파고와 판 후이 2단이 두었던 기보를 중심으로 각각의 단계가 어떻게 구현되는지 살펴보자.

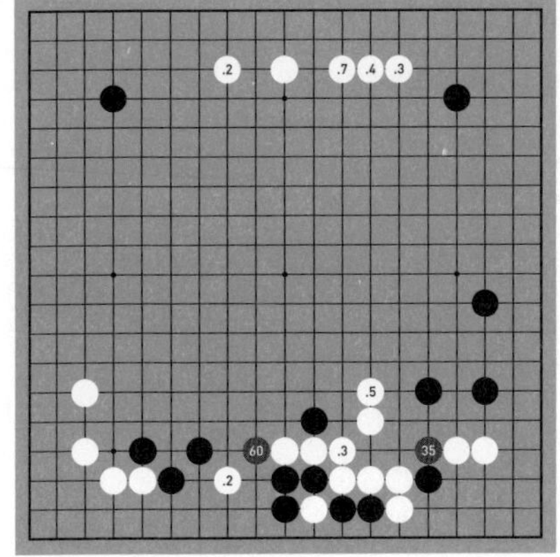

그림 1 :
정책망의 다음 수 추천(확률)

실제 대국에서 알파고의 작동 원리

이 대국은 속기 대국의 한 장면으로 흑을 잡은 알파고가 다음 수를 둘 차례이다.* 그림 1은 정책망에서 알파고에게 다음 수를 추천한 결과이다. 중앙 아래쪽의 한 점이 60%의 높은 확률로 추천되고 있고 그 오른쪽에는 35%의 확률로 다른 점이 추천되고 있다. 그림에서는 추천 확률이 0.1 이상인 9개의 점이 표시되어 있고 추천 확률이 0.1 이하인 14개의 위치는 생략되어 있다.

그림2는 이들 각각의 후보 지점에 착수를 하였을 때 승률이 얼마인지를 각각 평가망과 시뮬레이션 기법으로 계산한 결과를 보여준다. 그림 2-1 바둑판

여기에서 제시되는 그림은 네이처 논문에 제시된 것으로 (Silver, David dt. al.(2016), Mastering the game of Go with deep neural networks and tree search, Nature, p. 487) 필자가 설명의 편의상 재구성하였다.

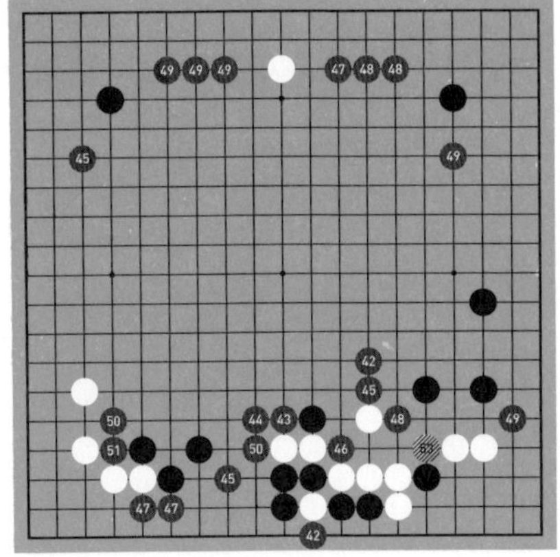

그림 2-1 :
다음 수의 승률 계산(평가망의 결과)

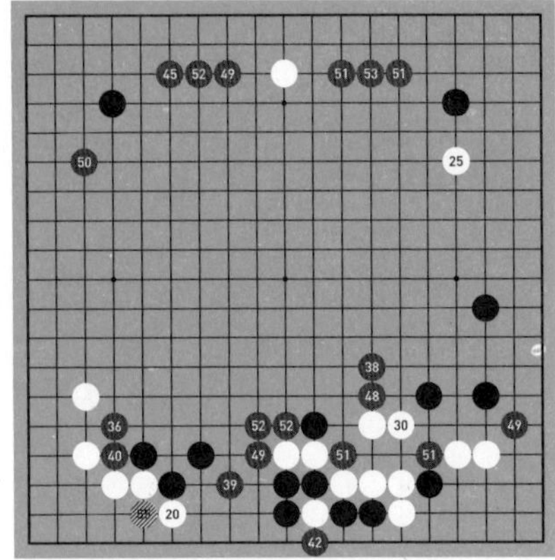

그림 2-2 :
다음 수의 승률 계산(시뮬레이션 결과)

은 평가망으로 계산한 각 후보 점들의 승률을 보여주는데[*] 23개의 후보 중에서 우하귀 화점이 승률 53%로 가장 높은 것으로 나타났다(빗금친 원으로 표시됨). 반면에 각 후보 지점에 대한 시뮬레이션(rollout) 결과는 그림 2-2 바둑판에 나타나 있는데(초당 약 120만 번의 시뮬레이션 시행 결과) 좌하귀의 2선에 있는 지점이 승률 55%로 가장 높다(오른쪽 바둑판에서 승률이 30% 이하인 점은 흰색으로 표시되어 있음). 다음 수 후보의 승률 평가가 일치하는 경우에는 문제가 없지만 그림 2에서처럼 불일치하는 경우도 생긴다.

그림 2에 표시된 값들은 착수 가치(action values)지만 여기에서는 편의상 확률로 설명했다.

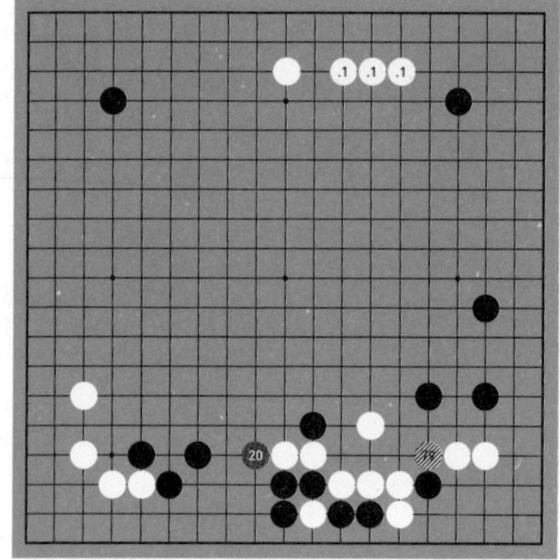

그림 3 :
다음 수 최종 결정(빗금 친 원)

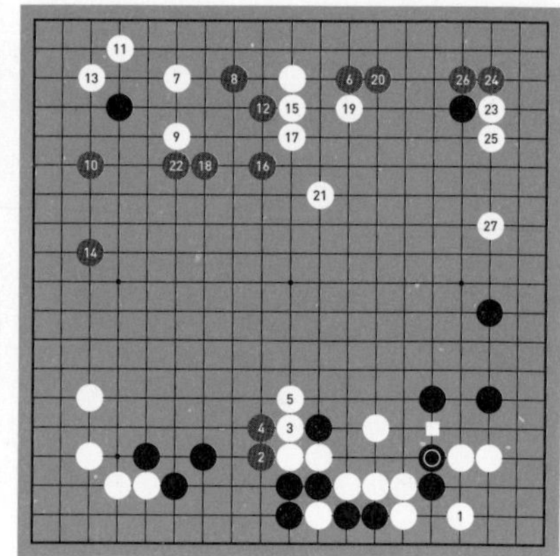

그림 4 :
최선의 수순 전개 예측

알파고는 두 기법의 결과를 50%씩 반영하여 그림 3과 같이 우하귀 화점(빗금친 원으로 표시)을 최적의 착수로 선정한다.

그림 3에서는 그림 2의 두 결과를 50%씩 합산한 상태에서 탐색 트리에서 가장 많이 방문한 지점을 다음 착수로 선택한다. 그렇게 하는 이유는 이 방법이 특별한 경우(outlier)에도 최적의 수를 추천하기 때문이다. 최선의 수를 찾은 이후에도 알파고는 거기에만 그치지 않고 상대방의 최선의 응수와 이어지는 상호 간의 최선의 응수를 미리 계산하여 그림 4와 같이 지켜본다.

그림 4는 알파고가 우하귀의 O표시에 흑을 놓은 이후에 전개되는 최선의 수들을 나타낸 것이다. 각각의 수들은 모두 위에서 설명한 절차에 따라서 계산한 결과이다. 이 최적의 수순대로 흑백의 수가 이어진다면 알파고가 이길 확률

은 53%로 그대로 유지된다. 만약에 백이 응수를 달리하면 어떻게 될까? 실제로 판 후이 2단은 우하귀에 ①로 표시된 위치에 두지 않고 흰색의 □로 표시된 위치에 끼우는 수를 두었다. 이 수는 최선의 응대가 아니므로 이후에 알파고가 응징을 함으로써 알파고의 승률은 더 높아지게 되었다. 실제로 후이 2단은 이 수(□) 이후에 더욱 불리해졌는데, 대국 후 검토에서 그는 다음 수를 ①의 위치에 두었어야 했다고 후회했다.

알파고는 어떻게 더욱 강해졌는가?

알파고는 대단한 소프트웨어다. 알파고가 3주 동안 훈련한 약 3천만 건의 바둑판 상황은 유럽 아마 고수들의 기보에서 추출한 것이다. 그 중의 약 35%는 접바둑이었다. 그 아마 고수들 모두는 중국에서 정식으로 프로에 입단한 후이 2단에게는 절대로 이길 수 없는 사람들이다. 하지만 그 데이터로부터 학습한 알파고는 후이 2단에게 압승했다. 그게 2015년 10월이다. 구글 딥마인드도 이세돌 9단에게 이기기 위해서는 알파고의 실력을 업그레이드해야만 한다는 것을 잘 알고 있었다. 하사비스는 대표는 자신있게 말했다. "이세돌 선수와 대결하기 위해 알파고를 업그레이드하기 위한 모든 준비를 다했다." "우리가 검증할 수 있는 모든 방법은 다 썼다."

그렇다면 그들은 구체적으로 어떤 준비를 했을까? 아마도 세 가지 방향으로 준비했을 것이다. 첫째는 세계 최고 수준의 기보를 추가적으로 입력하지 않고 단지 자기 자신과의 수천만 번의 연습 대국을 통해서 계속 학습함으로써 알파고의 정확도를 개선했을 것이다. 알파고는 쉬지도 않고 자지도 않고 지치지도 않고 학습할 수 있는 장점이 있다. 하지만 이 방법만으로는 이세돌 선수와 대결을 위한 준비가 완전하지는(승리를 100% 보장하지는) 않다고 생각한다.

그래서 두 번째는 알파고를 그야말로 세계 최고수로 만들기 위해서 아시아 최정상의 기보를 입력해서 학습시켰을 것이다. 모든 기계학습 알고리즘이 그러하듯이 알파고의 능력은 학습에 사용한 데이터(기보)의 양뿐만 아니라 질에도 좌우된다. 유럽 아마 수준의 기보에서 시작하여 판 후이 2단을 이긴 알파고의 성능이라면 아시아 최정상의 기보를 바탕으로 학습한다면 그 수준이 세계 최고를 능가하는 수준으로 높아지는 것은 자명하다. 알파고는 덤 7집 반의 중국 룰에 맞춰져 있다. 그러니까 아시아 최정상 프로들이 인터넷에서 중국 룰로 대국한 기보를 바둑 포털 사이트에서 입수해서 입력했을 것이다. 이미 알파고는 사람이면 수천 년 이상 걸리는 3,000만 번의 대국 장면을 약 3주만에 지도학습을 했으니까, 지난 10월 이후에 지금까지 아시아 최고 수준의 기보를 바탕으로 수없이 지도 및 강화학습을 했을 것이다.

세 번째는 실전 스파링이다. 이세돌 9단과 대결에 앞서서 최종적으로 이세돌 선수와 동등한 수준의 중국 기사들과 실전 연습 대결을 가졌음에 틀림없다.[*] 딥마인드가 이세돌 선수와의 대결에서 이길 수 있다는 확신은 바로 이 스

스파링 상대 중의 한 명으로 2016년 초에 런던을 방문했던 중국의 저우루이양 9단이 회자되고 있는데 그는 단순한 여행일 뿐이라고 부정했다.

파링에서도 압승했음을 의미한다. 이 모든 준비를 끝내고 알파고는 확신에 차서 이세돌 9단에게 도전장을 내민 것이다. 겨뤄보려고 도전한 것이 아니라 그들이 이긴다는 것을 세계에 확인시키려고 서울에 온 것이다.

알파고를 만든 천재 과학자들

세렌디피티(serendipity)라는 말이 있다. 이 말은 우연으로부터 중대한 발견이나 발명이 이루어지는 것을 의미한다. 알파고가 판 후이 2단을 이긴 것은 정말로 대단한 일이다. 하지만 그런 대단한 승리가 우연히 이루어진 것이 아니라는 사실을 확인하기 위해서는 네이처 논문의 저자들에 대해서 뒷조사, 즉 그들이 과연 지난 10여 년간 이 위대한 도전에서 성공하기 위해 어떤 노력과 연구를 했는지를 추적할 필요가 있었다. 우선 20명의 공저자 중 구글 딥마인드의 하사비스 대표에 대해서는 이미 매스컴에서 그의 천재성을 많이 다루었기 때문에 언급을 생략하겠다. 그 외에도 알파고를 만드는 데 핵심적인 역할을 한 개발자들은 3명으로 압축된다.

우선 아자 황 박사는 이번 대결에서 알파고의 손 역할을 한 사람이다. 아자 황 박사는 2011년의 박사학위 논문도 몬테카를로 트리 탐색에 대해서 썼을 뿐만 아니라 에리카(Erica)라는 최고 수준의 인공지능 바둑 프로그램을 개발한 사람이다. 그는 위대한 도전에 성공하기 위한 이론과 실무를 모두 갖춘 최고 적임자 중의 한 사람이다. 아자 황 박사의 최근 연구를 보면 2015년 4월에 알파고의 정책망에 관한 논문을 발표하였는데[*] 이미 작년 초에 알파고의 중요한 부분이 완성되었음을 알 수 있다. 이 논문의 공저자는 모두 4명인데(이들은 모두 네이처에 발표한 논문의 공저자임) 이들 중 3명은 현재 모두 딥마인드 소속이지만 한 연구자는 구글의 뇌 연구팀(brain research team) 소속인 수츠케버 박사다. 나는 그가 알파고 탄생에 있어서 가장 핵심적인 역할을 했다고 생각한다. 그는 29세의 나이에 MIT가 선정한 '35세 이하의 혁신가 35명'에 뽑혔을 정도였는데, 이미 석사 때부터 바둑에 대한 위대한 도전에 중요한 첫 발을 내딛는다. 그가 2008년에 쓴 논문은[**] 인공신경망을 이용하여 아마 고수들의 착수를 흉내 내는 것이었는데, 이는 인공신경망을 바둑에 적용한 최초의 논문 중 하나이자 알파고의 정책망에 해당하는 것이다. 하지만 연구 결과는 그의 기대에는 미치지 못했다. 그 이유는 복잡한 심층 인공신경망이 아닌 간단한 형태의 인공신경망을 사용했기 때문이었다. 수츠케버는 복잡한 형태의 심층 인공신경망을 배우기 위해서 딥러닝의 대표격인 심층 인공신경망의 대가 제프리 힌튼 교수에게 가서 박사과정을 밟게 된다.

사실 인공신경망은 50년대부터 연구되어 왔지만 여러 기술적인 문제 때문에 암흑기를 거치고 있었다. 하지만 힌튼 교수는 어렵고 힘든 가운데서도 묵

[*] Maddison C. J., et. al. (2015), Move Evaluation in Go using deep convolutional neural networks, 3rd International Conference Learning Representations.

[**] Sutskever, I & Nair V. (2008), Mimicking Go experts with convolutional neral networks, In International Conference on Artificial Neural Networks, 101–110.

묵히 인공신경망 연구를 계속했고 2006년에는 드디어 기술적인 문제를 해결하는 방향을 제시한다.[*] 그리고 2012년에는 이미지넷(ImageNet)에서 시행하는 시각인식 대회(ILSVRC)에서 힌튼 교수와 2명의 박사과정 학생으로 구성된 (물론 수츠케버도 그 멤버 중의 하나임) 슈퍼비전 팀은 심층 인공신경망을 활용하여 사진 판독의 오차율을 26%에서 16%로 무려 38%나 줄이는 획기적인 결과를 제시했다.[**] 이후에 심층 인공신경망은 각종 패턴 인식대회에서 발군의 성능으로 우승을 독차지하기 시작했다. 이들 3명은 바로 심층인공신경망연구소(DNNResearch)라는 회사를 차리지만 이 회사는 곧 바로 구글에게 인수되었다. 이제 수츠케버 박사는 구글의 브레인 연구팀에서 본격적으로 위대한 도전을 하기 위한 준비를 시작했다. 하지만 부족한 것은 강화학습을 통하여 스스로 실수로부터 배우는 기술이었고 이 분야에서 세계 최고는 딥마인드라는 회사였다. 이 회사는 인공신경망과 강화학습을 이용하여 인간처럼 실수를 통하여 학습하는 비디오 게임 프로그램을 개발한 곳이다. 구글이 역시 딥마인드를 인수하려던 페이스북을 제치고 인수에 성공한 것이 2014년 초였고 그때부터 수츠케버와 딥마인드는 위대한 도전에 박차를 가하게 된다. 이 도전의 리더는 데이비드 실버 박사로 그는 지난 몇 년 동안 강화학습에 관한 논문만도 25여 편을

[*]

Hinton, G., Osindero S., & Teh W. (2006), A Fast Learning Algorithm for Deep Belief Nets, Neural Computations, Vol. 18, No. 7, 1527-1554. 이 논문에서는 심층 인공신경망의 단점(local minima)이 비지도 학습방법(unsupervised learning)을 활용한 데이터의 전처리과정(pre-training)을 통해 해결될 수 있음을 제시하였다.

[**]

Krizhevski, A., Sutskever, I. & Hinton, G. (2012), ImageNet classification with deep convolutional neural networks, In Advances in Neural Information Processing Systems, 1097-1105.

쓸 정도로 인공신경망과 강화학습의 대가다.

　본격적으로 알파고를 개발한 지 1년 반 만에 지난 10월 후이 2단과의 대결에서 압승을 한 알파고는 다시 6개월 만에 이세돌 9단도 이김으로써 위대한 도전을 성공적으로 마감하게 되었다. 알파고 개발을 위해 지난 10여 년 동안 많은 천재 과학자들이 함께 노력했다. 하지만 이 성공의 배후에는 구글의 에릭 슈미트 회장이 있다. 슈미트 회장은 인공지능(기계학습)을* 구글의 차세대 성장 전략으로 선정하고 인공지능의 신생기업들을 쓸어 모으다시피 했다. 현재 기계학습 분야에 있어서 다양한 세계 최고 전문가의 50% 정도가 구글 소속일 정도다. 그는 '앞으로 인공지능에서 무슨 혁신이 벌어진다면 그것은 모두 구글이 이뤄낸 것일 것'이라고 공언하기까지 했다. 바둑에 대한 위대한 도전도 슈미트 회장의 이런 성취욕에서 시작된 것이었다. 그가 이번 대결의 전날 기자회견에 깜짝 등장한 것은 이 위대한 도전의 성공을 확신하고 있었기 때문이 아닐까?(알파고가 3승을 했을 때 마치 예견한 듯이 구글 창업자인 세르게이 브린도 깜짝 방문했다) 그가 인사말에서 '결과가 어떻든 이 대결은 인류의 승리다'라고 했을 때 그 말이 나에게는 마치 (대결이 시작되기도 전에) 패자인 이세돌 9단과 우리를 위로하는 소리로 들릴 정도였다.

약한 인공지능은 잘 규정된 작은 문제를 해결하는 것으로 그 중요 수단이 기계학습이다.

이번 대결은 정말 불공정한 게임이었나?

일부에서는 이번 대결이 이세돌 9단에게는 애초부터 불공정한 대결이었다는 주장이 제기되었다. 그 근거는 1202대의 컴퓨터(CPU)와 싸우는 것은 마치 갑옷도 입지 않은 이세돌 9단에게 1202마리의 맹수가 달려든 격이라는 것이었다. 이런 주장은 문제의 핵심을 전혀 모르는 사람들의 터무니없는 주장이다. 컴퓨터 1200대 정도만 있으면 해결할 수 있는 도전이라면 위대한 도전이 아니라 시시한 도전이었을 것이다. 사람들은 경우의 수가 아무리 많더라고 직관을 이용해서 바둑에서 좋은 수를 찾아가지만 직관을 사용할 수 없는 컴퓨터는 계산을 통해서 좋은 수를 찾아가야 하는데 경우의 수가 너무 많고 평가함수 개발이 매우 어려워서 컴퓨터 천 대가 아니라 백만 대로도 해결할 수 없는 문제다. 그래서 원래 도전 자체가 '동원할 수 있는 하드웨어를 다 동원해봐라! 그게 계산이 되나?'였다. 그렇기 때문에 인공지능 바둑 프로그램이 직관을 가진 프로선수를 이기기는 불가능하다는 것이 중론이었다. 이것은 하드웨어 문제가 아니라 소프트웨어의 문제다. 페이스북도 자신들이 프로선수를 이기는 도전에 근접했다고 공언까지 했지만 여전히 아마 6단 수준이다. 페이스북이 컴퓨터 천 대가 없어서 아직 성공하지 못하고 있겠는가?

정보의 비대칭 때문인가?

이세돌 9단이 세 번째 대국에서도 져서 스코어가 3:0이 되자 이 대국이 애초부터 이세돌 선수에게 불리한 대결이었다는 주장도 나왔다. 그러나 그런 주장을 하려면 대결을 계약하기 전에 제기했어야 한다. 그리고 그런 주장 자체도 틀린 것이다. 구글 딥마인드는 알파고가 이세돌 9단의 기보를 별도로 연구하지는 않겠다고 했다. 그 이유는 사실 하지 않겠다는 것이 아니라 할 수 없기 때문이다. 알파고가 사용하는 심층 인공신경망을 통한 학습은 엄청나게 많은 기보를 분석해서 승리를 보장하는 일관성 있는 패턴을 찾는다. 이세돌 9단이 많은 대국을 두기는 했지만 한국에서 둔 바둑들은 덤 6집 반 경기라 소용이 없다. 중국 룰로 진행된 국제대회나 중국 리그에서 이세돌 선수가 둔 경기를 다 모은다고 해도 기껏해야 천 대국도 되지 않을 것이다. 이 정도는 빅데이터 시각으로 볼 때는 큰 의미가 없다. 따라서 알파고 측에서는 이세돌에 대한 정보가 하나도 없는 것이나 마찬가지이다. 반대로 이세돌 측에서는 네이처에 게재된 알파고에 대한 논문, 판 후이 2단과 알파고가 두었던 5번의 기보가 있었다. 하지만 우리 언론은 주어진 자료를 면밀히 검토하기보다는 이세돌 9단의 일방적인 우세 분위기에 젖어 있었다.

알파고는 범용(general purpose) 프로그램이다

인공지능에서 범용 프로그램이란 해당 문제뿐만 아니라 다른 문제를 해결하는 목적으로도 사용할 수 있는 프로그램을 말한다. 알파고는 범용을 지향하는 소프트웨어로서 바둑뿐만 아니라 다른 문제를 푸는 데도 사용될 수 있다. 사실 체스 챔피언을 꺾은 딥블루는 오직 체스만을 빠르게 두기 위해서 만들어진 컴퓨터였다. 딥블루로는 체스보다도 훨씬 쉬운 오목을 둘 수 없다. 마찬가지로 퀴즈쇼 제퍼디에서 우승한 왓슨 역시 음성을 인식한 뒤 엄청나게 빠른 정보처리능력을 바탕으로 질문과 답변의 형태에만 특화한 시스템이었다. 하지만 알파고는 사람처럼 경험을 통해서 학습하여 문제를 효과적으로 해결하는 범용 프로그램이기 때문에 다른 문제에도 활용 가능하다. 사실 현실 세계의 많은 문제들은 바둑을 두는 것과 같은 특성을 가지고 있다. 너무 복잡하고 경우의 수가 너무 많아서 풀기가 불가능하게 여겨지는 문제들, 예를 들면 기후 모델링, 복합성 질환 분석 등 다양한 문제를 푸는 데 알파고가 활용될 수 있다.

미래에 인공지능은 정말 인간을 지배할까?

알파고가 인간의 고유한 영역이라는 바둑마저 침범하자 인간을 넘어서는 인공지능에 대한 우려의 목소리가 높아지고 있다. 하지만 결론적으로 말하자면 그런 걱정은 기우다. 현재의 인공지능은 아주 잘 정의된 작은 영역에서 문제를 푸는 약한 인공지능으로 이미 우리 주위에 깊이 침투해 있다. 이제 약한 인공지능은 우리의 삶을 윤택하게 하는 보조적인 도구로서 중요한 역할을 하고 있다. 우리가 매일 이용하는 검색엔진에서부터 스팸메일 구분, 온오프라인에서의 책/영화/음악 등 각종 제품과 서비스의 추천 등이 바로 인공지능이 하는 일이다. 산업 전반에서도 복잡한 전자회로의 설계, 시설의 배치, 운송 최적화, 예방 정비 등 운영의 효율과 생산성 증대 부문에서 뛰어난 성과를 올리고 있다.

미래학자 케빈 켈리는 '앞으로 로봇과 얼마나 잘 협력하느냐에 따라 연봉이 달라질 것'이라고 말했다. 이제 우리는 약한 인공지능이라는 도구를 유용하게 그리고 현명하게 사용하려는 시각과 태도를 가져야 한다. 하지만 영화에서 많이 등장하는 인간 수준의 강한 인공지능이 탄생하려면 넘어야 할 산이 많고 가야 할 길도 멀다. 나는 영화에서 많이 등장하는 인간 수준의 인공지능이 현실적으로 실현될 가능성은 없다고 생각한다. 누구나 갖고 있는 지능이란 무엇일까? 지능의 실체는 매우 다양해서 제대로 정의하기 어렵다. 우리가 제대로 파악하지도 못하는 것을 만들어낼 수 있겠는가?

의학이나 과학 등이 매우 발달한 지금까지도 아직 우리가 인간 자체에 대해 알고 있는 것은 극히 제한적이다. 그렇기 때문에 인간이 지닌 섬세한 감정, 열정, 반사신경 등 수많은 요소를 흉내 내는 건 불가능하다. 영화는 픽션이니까 영화로서 즐기면 되지 현실에서 일어날까봐 걱정할 필요는 없다. 알파고를 보라! 세계 최고수의 바둑을 두지만 자신은 바둑이 뭔지도 모른다. 아니 자기 자신이란 것도 아예 없다. 바둑돌을 집어서 바둑판 위에 놓을 줄도 몰라서 아자 황이 대신 돌을 집어서 놔주지 않았던가?

우리 기업은 어떻게 대응해야 할까?

구글, 페이스북, 마이크로소프, IBM 등의 글로벌 기업들이 인공지능에 적극적으로 투자하고 있는 이유는 명확하다. 빅데이터 시대의 화두는 기계학습을 통하여 데이터 속에서 인사이트를 캐내는 것이기 때문이다. 한국 대기업들이 이 분야에 적극적으로 뛰어 들지 않고 있는 이유는 바로 이런 전략적 비전을 갖고 있지 않기 때문이다. 더욱이 인공지능은 어떤 하나의 발견이나 기술로 해결할 수 있는 분야가 아니라 컴퓨터 공학을 넘어 생명과학과 뇌과학 등과 연계되어 연구가 동시에 이뤄져야 한다. 따라서 인력 양성과 투자가 장기적인 관점에서 지속적으로 이루어져야 한다. 하지만 단기적인 투자 대비 수익에 매몰되어 있는 우리 기업의 현실적인 상황에서는 '4차 산업혁명'의 핵심 화두인 인공지능 분야에서 조연에 그치게 될 공산이 크다. 따라서 우리 기업들에게는 빅데이터와 기계학습이 새로운 전장(next frontier)이라는 명확한 인식과 분발이 요구되고 있고, 인공지능의 발달에 필요한 생태계를 조성하려는 정부의 정책적인 노력과 지원도 시급하다.

* 이 글은 필자가 쓰거나 참여한 다음의 자료를 바탕으로 재구성하였음: ①특별대담 : 알파고와 이세돌의 역사적인 대결(월간바둑, 2016. 3월호, 101-107쪽) ②MBC 백분토론 : 알파고와 이세돌, 그들이 남긴 것(715회-2016. 3. 16) ③유튜브 동영상 : 이세돌이 질 수밖에 없는 이유(2016. 3. 27 - https://youtu.be/aiG4Vb94tJQ) ④알파고가 우리에게 남긴 것(동아비지니스리뷰, 2016년 4월, Issue 2, No.199, 94-103쪽.)

바둑의 기초

바둑을 시작하기 전에 꼭 알아야 할 것들

바둑이란 무엇인가

바둑은 집(영토)이 많아야 이기는 게임이다. 그리고 땅을 많아 차지하기 위해서 전쟁을
하듯 바둑도 집을 많이 짓기 위해서 전투를 하게 된다. 그럼 다음 그림을 보면서 개념
을 익혀보자.

우측 상단(우상귀)과 좌측 하단(좌하귀)은 흑의 영토이다.

반대로 좌측 상단(좌상귀)과 우측 하단(우하귀)은 백의 영토이다.

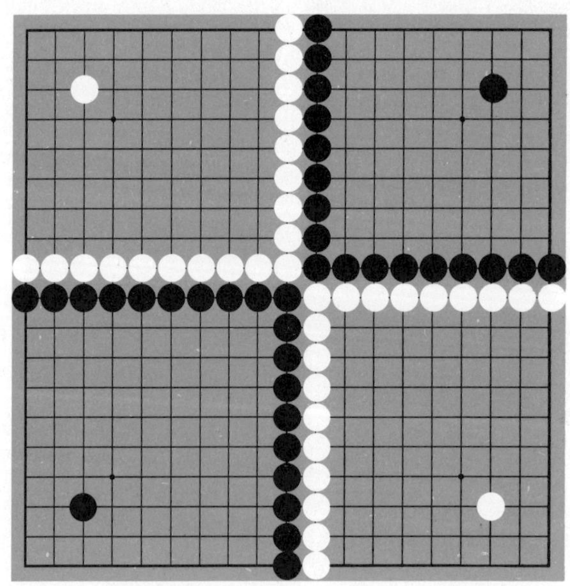

이 장면은 누가 이긴 것일까? 누구나 알 수 있는 쉬운 그림이다.

많은 집을 얻은 흑의 승리이다.

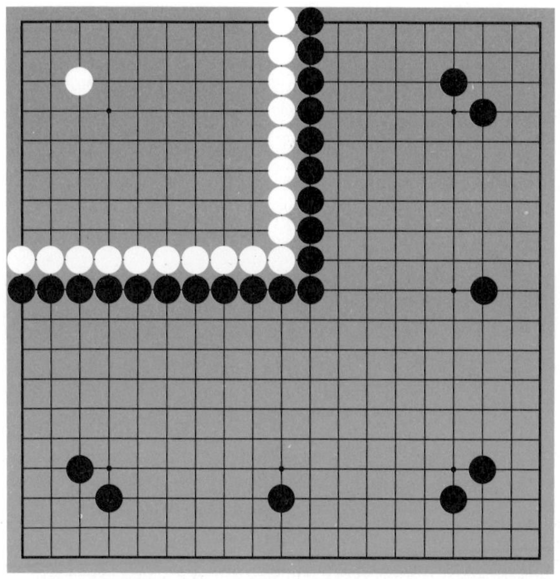

활로

활로(活路)란 돌이 숨 쉬는 숨구멍이라 생각하면 간단하다. 돌의 동서남북 4군데의 지점이 활로가 되고 그곳이 모두 막히게 되면 그 돌은 상대에게 잡히게 된다. △로 표시된 곳이 바로 돌의 활로(숨구멍)이다.

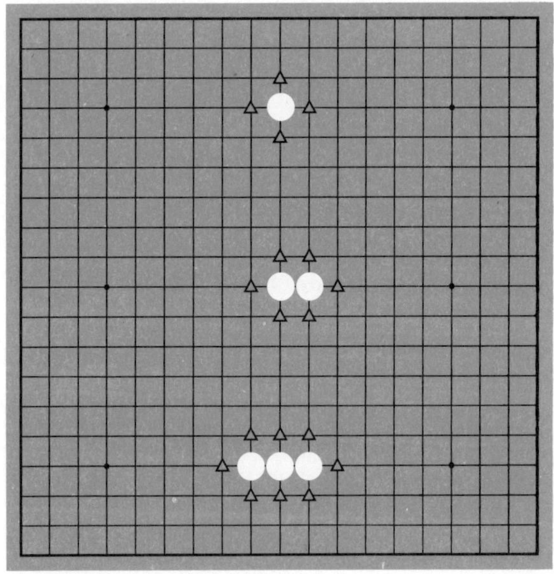

돌의 죽음

흑돌에게 둘러싸여 백돌이 잡힌 모습이다. 돌의 활로가 모두 막히면 그 돌은 잡히게
된다.

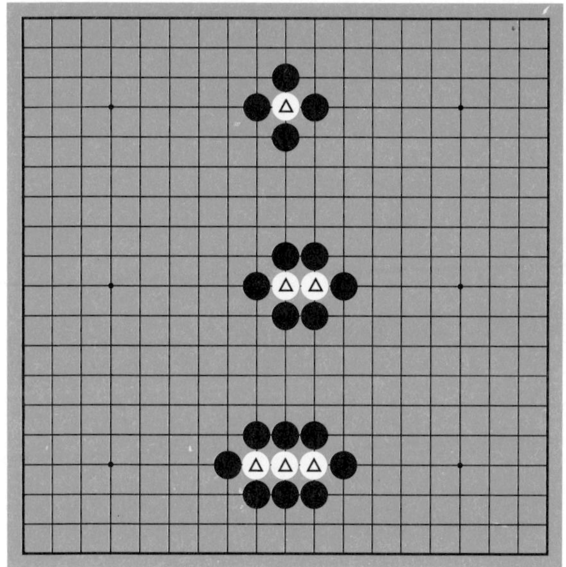

호구

지금 삼각형으로 위치한 백돌의 형태를 호구라고 한다. 바둑에서의 호구란 호랑이 호(虎) 자와 입 구(口) 자를 써서 마치 호랑이가 입을 벌리고 있다는 뜻이다. A지점, 즉 호랑이의 입 속으로 흑돌이 들어가면 바로 잡히게 된다.

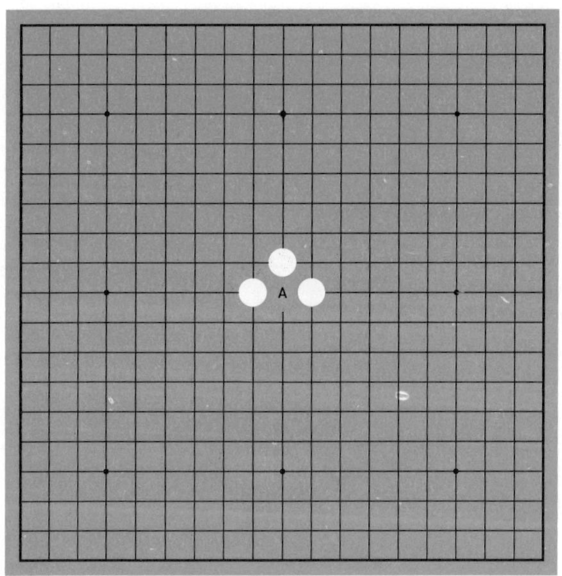

단수

지금처럼 흑돌의 활로가 단 하나뿐인 상황을 단수라 한다. 마지막 활로인 A지점을 백 돌이 차지한다면 흑 한 점은 잡히고 만다.

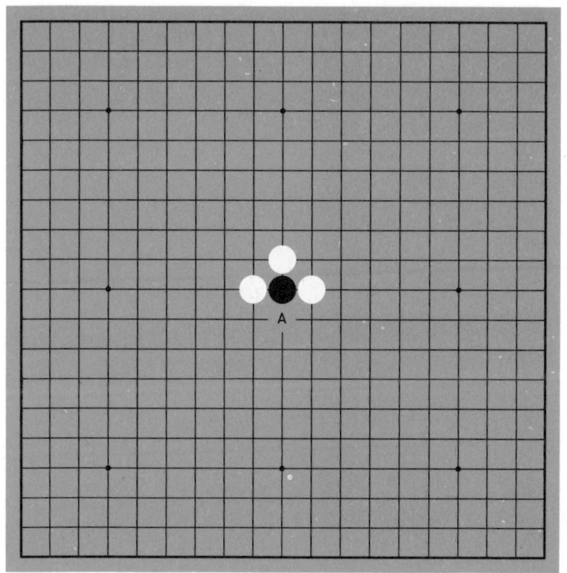

착수금지

말 그대로 착수를 할 수 없는 지점으로 활로가 모두 막혀 있는 지점은 착수할 수 없다.
그림으로 본다면 A지점은 백돌이 둘 수 없는 지점이다.

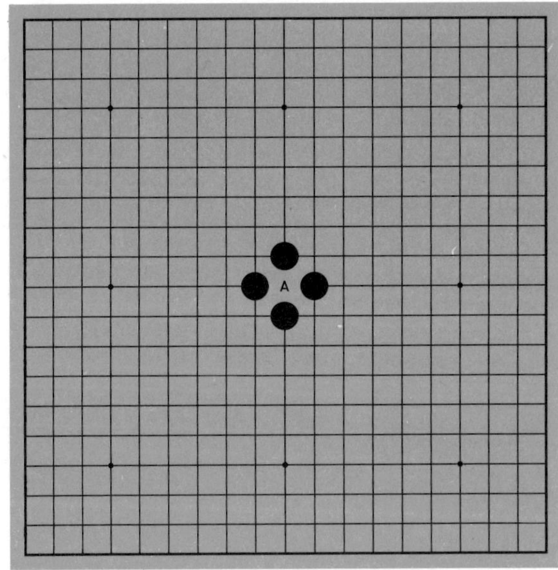

패

A지점에 백돌이 착수가 가능할까? 결론부터 말하자면 착수가 가능하다. 그 이유는 착수를 함과 동시에 △로 표시된 흑 한 점의 활로가 없어지기 때문에 흑 돌을 잡아낼 수 있다. 이러한 형태를 '패'라고 하는데 바둑에서 가장 복잡하고 치열한 싸움을 '패 싸움'이라 한다.

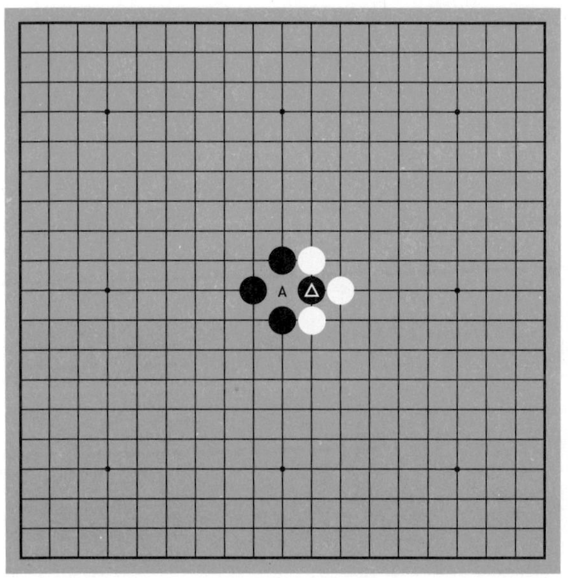

미생

아닐 미(未) 날 생(生) 자를 쓴다. 아직 살아 있지 못한 돌을 미생이라 한다.

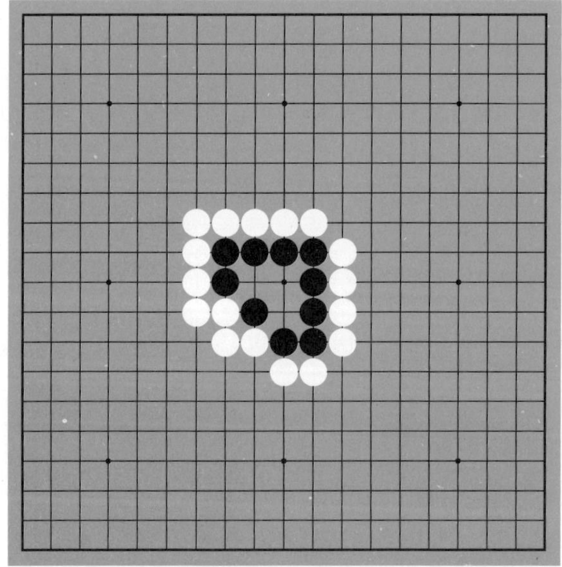

완생

완전할 완(完) 날 생(生) 자를 쓴다. 완벽히 살아 있는 돌을 완생이라 한다.

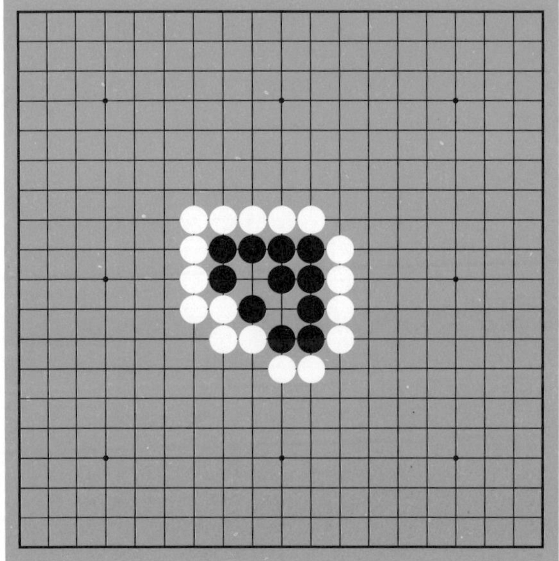

형세 판단

바둑을 두면서 이기고 있는지 지고 있는지 형세를 판단하는 것이다. 그리고 그 형세 판단을 바탕으로 무수히 작전이 바뀌게 된다. 모든 스포츠에는 스코어가 있고 그 스코어에 따라서 전술이 바뀐다. 하지만 바둑은 스코어보드가 따로 없기 때문에 형세 판단을 잘하고 그에 맞는 작전을 짜는 것이 상당히 중요하다.

승부수

자신이 불리한 형세일 때 반전을 위해 두는 수. 알파고와 이세돌 9단의 3국에서 △로 표시된 흑의 수는 백의 큰 모양을 집으로 인정해주면 진다는 판단 하에 침투해 들어간 승부수였다. 이세돌 9단이 형세 판단을 하고 난 뒤 불리하다고 판단하고 선택한 극단적인 수.

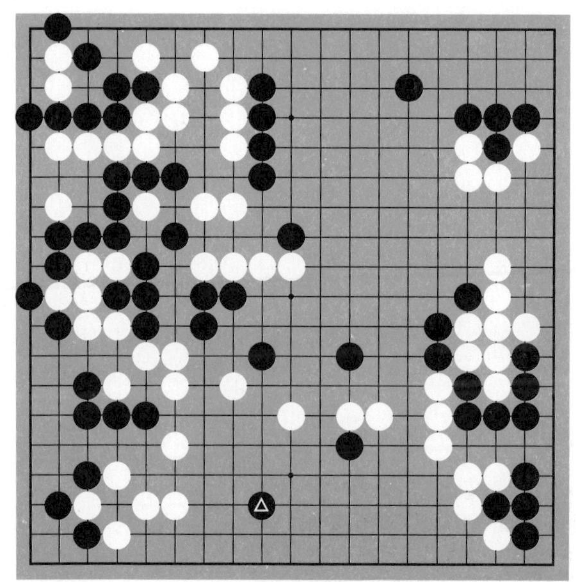

계가

'집을 계산한다'는 뜻으로, 바둑판 위에 더 이상 의미 있는 자리가 없다면 바둑은 종료가 되고 누구의 집이 많은지 계산을 한다. 그 작업을 계가라 한다.

계가 작업이 끝난 모양을 통해 알아보자. 호선 바둑은 먼저 두는 것이 유리한 흑이 6.5집이라는 덤(핸디캡)을 부담하게 된다. 첫 번째 그림은 7집이 많은 흑이 6.5집을 주더라도 반 집을 남긴 모습이다. 두 번째 그림은 8집을 남긴 흑이 1집 반을 남긴 모습이다. 흑이 6집을 남긴다면 반대로 백이 반 집을 이기는 것이다.

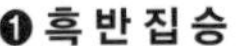

❶ 흑 반 집 승

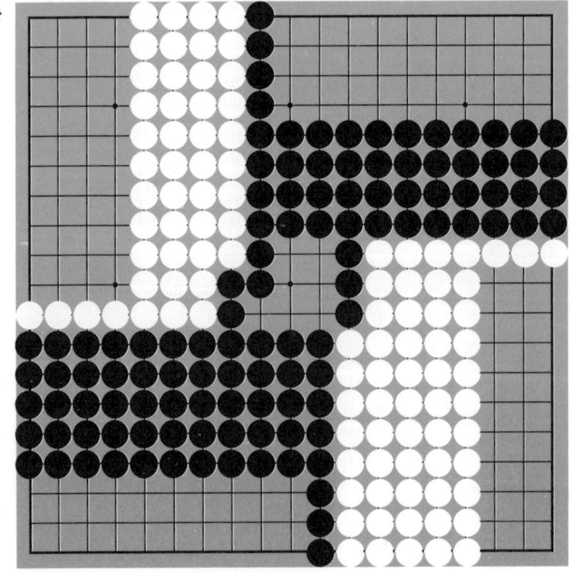

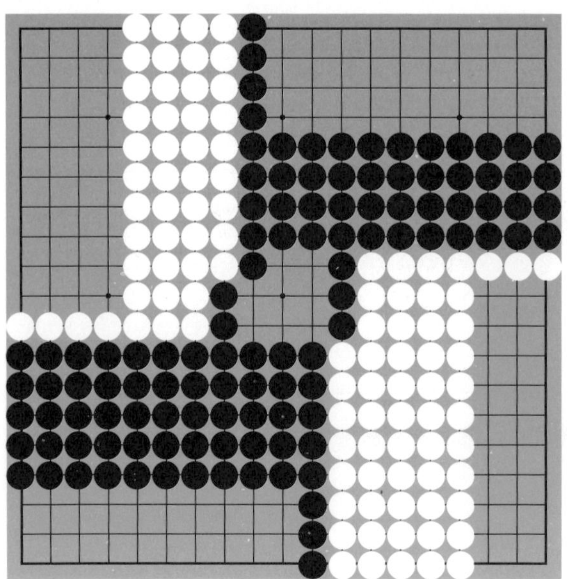

그 밖의 용어들

불계패 : 계가를 하지 않고 지는 것. 스스로 패배를 시인하는 경우이다. 프로들의 바둑에서는 반 집 차이라 하더라도 승부를 뒤집을 수 있는 가능성이 없다고 판단되면 계가를 하지 않고 돌을 거두는 경우가 종종 있다.

복기 : 대국이 끝나고 여러 가지 변화에 대한 검토를 하는 과정. 주로 잘못 둔 수가 무엇인지 찾는 경우가 많고 같은 실수를 하지 않기 위해 꼭 필요하다.

초읽기 : 주어진 시간을 모두 사용했을 때 정해진 시간 안에 착수를 해야 하는 상황. 예를 들면 1분 초읽기가 시작된다면 1분 안에 착수를 꼭 해야 한다.

프롤로그

●
○

세돌이 형이
인공지능과 대결한다고?

최초의 바둑 컴퓨터 프로그램은 1968년 미국의 컴퓨터 과학자인 앨버트 린지 잡리스트에 의해 개발되었다. 그 후 세계적으로 꾸준히 바둑 인공지능 컴퓨터가 만들어져 왔다. 하지만 인간을 능가하는 인공지능 컴퓨터는 등장하지 못했고, 그래서 인공지능(AI)에게 바둑은 난공불락의 영역으로 알려져 있었다. 실제로 많은 인공지능이 도전을 했지만 프로기사들에게 몇 점의 핸디캡을 받고도 이기지 못했던 분야였다. 〈돌바람〉, 〈젠〉, 〈크레이지 스톤〉 같은 프로그램들이 각각 어느 정도씩의 성과를 보여주기는 했지만 역시 인간을 넘지는 못했고, 앞으로도 최소 5년간은 어떤 프로그램도 인간을 넘어서는 일은 없을 것이라고 여겨왔다.

그러던 어느 날이었다. 그 날도 나는 한국기원에 나가 바둑 연구를 하면서 무료함을 달래고 있었다. 그 때 한 동료 프로기사가 허겁지겁 들어오며 이런 말을 던졌다.

"얘기 들었어? 세돌이 형이 인공지능이랑 대결을 한대!"

순간 무슨 소리인가 싶었다. 우리가 알고 있는 바둑 인공지능 컴퓨터는 프로와 상당한 격차가 있었다. 그래서 정상급 프로 기사와의 대결이란 상상할 수 없었다. 그리고 이어지는 한마디가 더욱 충격적이었다. 자그마치 우승 상금이 100만 달러라는 것이었다. 소문은 빠르게 퍼져나갔다. 그리고 모든 프로기사들은 이세돌 9단이 복이 많은 사람이라고 말하곤 했다. 아무도 이세돌 9단의 패배를 상상하지 않았다.

얼마 뒤 알파고의 실체가 조금씩 드러나기 시작했다. 유럽에서 활동 중인 판후이 2단과의 대결에서 5대0으로 승리했던 대국의 기보가 공개된 것이다. 나 역시 궁금증을 참지 못하고 알파고의 기보를 살펴보았다. 일단은 놀라웠다. 확실히 기존의 인공지능과는 차원이 다른 실력을 보여주었기 때문이다. 판후이 2단은 단 한 번도 찬스를 잡지 못했고 알파고는 자신의 실력을 마음껏 뽐내고 있었다.

하지만 프로의 시선으로 봤을 때 역시 이세돌 9단에게는 크게 미치지 못하는 실력이라 느꼈다. 오히려 이세돌 9단의 승리가 더욱 확실하다고 생각하는 계기가 되었을 뿐이었다. 주변의 생각도 크게 다르지 않았다. 이번 대결은 아마 3대0의 상황에서 4, 5국은 이세돌 9단이 알파고를 테스트하는 대국으로 이어질 것이라는 예상도 심심치 않게 나왔다.

그로부터 5개월이 지나고 결전의 순간이 찾아왔다. 인터뷰에서 밝혔듯이 이세돌 9단은 5번의 대결에서 한 판만 져도 자신이 진 것이라고 생각하고 있었다. 아니 이세돌 9단 뿐만 아니라 거의 모든 프로기사들이 그렇게 생각하고 있었다. 우리는 모두 즐길 준비가 되어 있었고 그저 바둑의 재미와 아직은 인

간이 인공지능보다 우수하다는 사실을 널리 알리는 좋은 계기가 될 것이라고
만 생각하고 있었다. 하지만 그것이 오만한 생각이었다는 사실을 알기까지는
그리 오랜 시간이 걸리지 않았다.

제1국

알파고가 실수를 한 것일까?

GOOGLE DEEPMIND CHALENGE MATCH 1st

2014. 03. 09

○ 이세돌

● 알파고

| 186수 끝, 백불계승 |

가벼운 마음으로
해설을 진행하다

바둑 국가대표팀은 한국기원에서 연구를 하고 또 훈련을 한다. 그리고 대표 팀 선수가 아닌 젊은 프로기사들은 연구실이나 바둑 도장에 나가서 공부를 한다. 그 날 나는 왕십리에 있는 연구실로 갔다. 동료기사들이 모여서 만든 연구실이었다. 인터넷 바둑 사이트인 〈사이버오로〉에서 구글 딥마인드 챌린지 매치(알파고 VS 이세돌) 대국의 해설을 맡았기 때문에 준비를 해야 했다.

동료 기사들도 어김없이 이세돌 9단과 알파고의 대결을 보기 위해 연구실에 나와 있었다. 베일에 싸여 있는 알파고가 어떤 모습을 보여줄지 무척 궁금했고, 또 같이 대화를 나누며 보고 싶었던 것이다. 이번 대결은 바둑TV는 물론 공중파와 종합편성채널에서도 중계방송을 진행했다. 바둑계 역사상 가장 큰 관심을 받는 대국인 셈이었다. 사실 동료 기사들은 많은 관심을 받고 있는 상황에서 알파고의 실력이 너무 형편없을까봐 걱정을 하기도 했다. 싱거운 대결은 팬들의 관심을 살 수 없기 때문이다.

대국이 시작되었고 우리는 집중하기 시작했다.

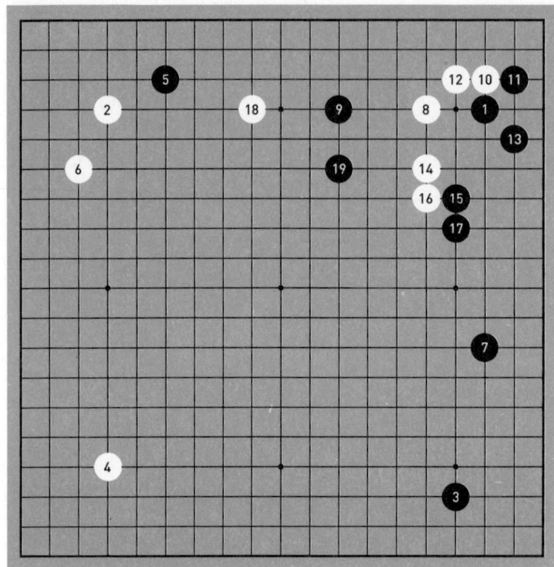

7번째 수가 우리를 놀라게 했다. 생전 처음 보는 수가 등장한 것이다. 그런데 그 수를 둔 쪽은 알파고가 아닌 이세돌 9단이었다. 처음에는 의아해했지만 '알파고를 테스트하는구나'라는 생각이 들었고 이세돌 9단의 자신감을 엿볼 수 있었다. 사실 7수는 이세돌 9단이 기록으로 남지 않는 예선전에서 둔 적이 있다고 말했다. 즉흥적으로 선택한 수는 아니었던 것이다.

이 장면에서 알파고가 장고(長考)에 들어갈 것이라고 생각했다. 프로들도 처음 보는 수를 당했을 때 장고에 들어가기 때문이었다. 하지만 그것은 알파고의 알고리즘을 전혀 모르고 한 생각이었다(알파고가 착수하는 데 걸리는 시간은 보통 30초에서 2분 사이였다). 1분이 채 되기 전에 알파고의 8수가 등장했고 이어지는 10수와 12수가 우릴 경악케 했다. 알파고의 선택이 정답이었던 것이다. 우리는 그 수가 정답이라 생각하지 못하고 있었는데 알파고의 선택을 보니 정답으로 느껴졌다. 무언가 잘못되어가고 있다는 생각이 스쳐지나갔다. 우리가 알고 있던 인공지능이 아니었던 것이다. 알파고가 마치 많은 경험이 있는 고수처럼 느껴진 것은 대국이 시작하고 나서 고작 10분 정도 지났을 무렵이었다.

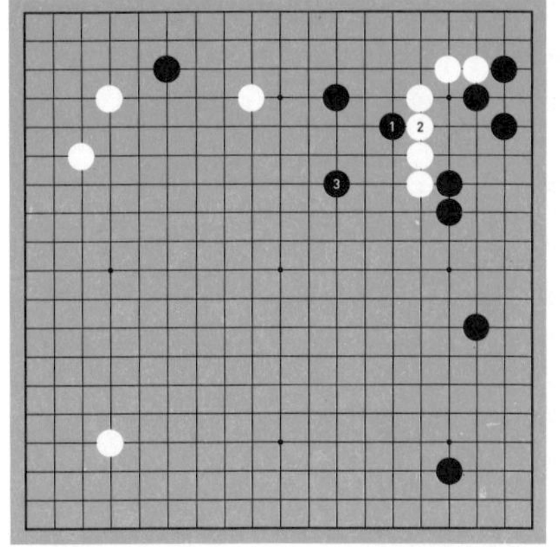

〈1도〉 : 흑 활발

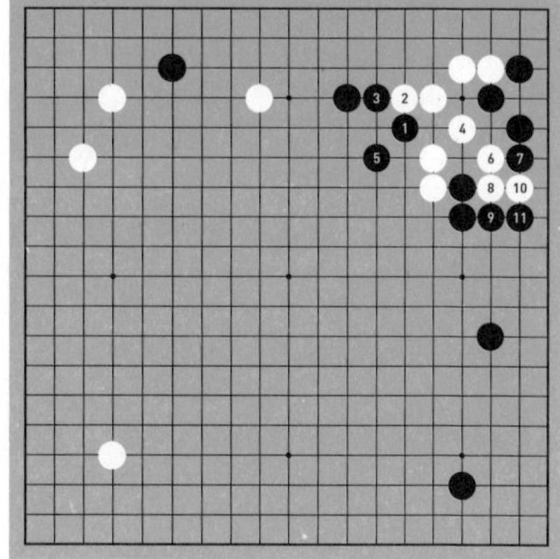

〈2도〉 : 어려운 전투

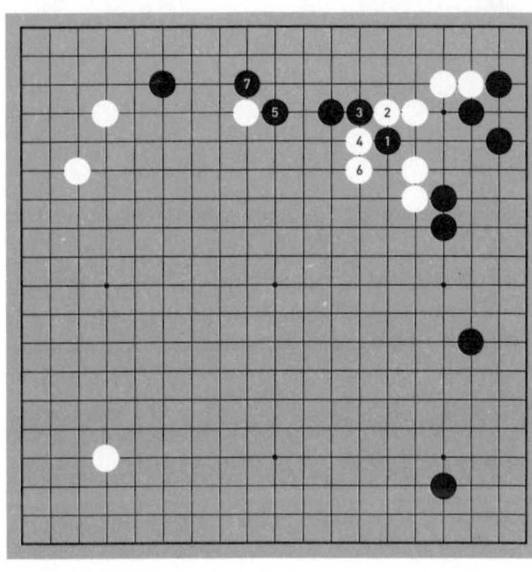

〈3도〉 : 흑 만족

이세돌 9단의 19수는 첫 번째 아쉬움을 남겼다. 〈1도〉대로 먼저 들여다보는 수가 성립한다면 한 발 더 뛰어 나가는 것이 가능했기 때문이다. 실전과는 큰 차이로 공수의 주도권이 걸린 장면이었다. 물론 복기 때 이세돌 9단은 〈2도〉의 반발이 신경 쓰였다고 했다. 그렇지만 이 형태 역시 흑의 모양이 깔끔하게 정리되면서 둘 만하지 않았을까? 〈3도〉의 그림 역시 예상해볼 수 있다. 흑의 형태가 활발해 보인다.

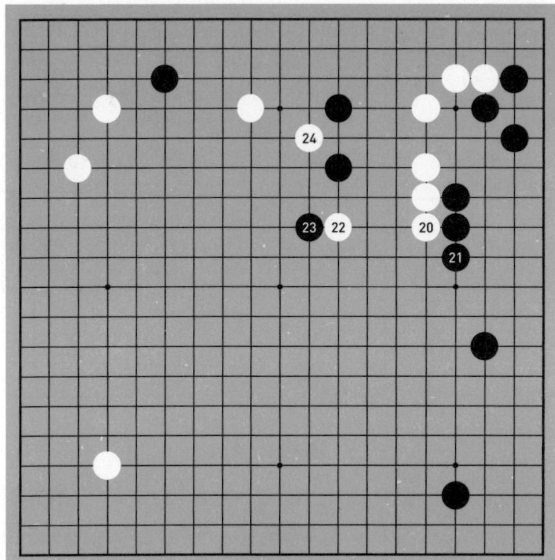

22수가 날아올 때 마치 머리를 강하게 맞은 것처럼 통증이 느껴졌다. 23수로 버텨보지만 여기서 등장하는 알파고의 24수가 모두를 당황시켰다. 해결책을 찾기가 쉽지가 않았다. 이세돌 9단 역시 예상하지 못했던 비수였을 것이다. 그 수를 시작으로 긴장감이 고조되었다. 이것은 그저 가벼운 마음으로 지켜보는 이벤트가 아니라 엄청난 승부라는 사실을 절감했다. 24수는 마치 지옥 같은 레이스의 시작을 알리는 총소리였던 셈이다.

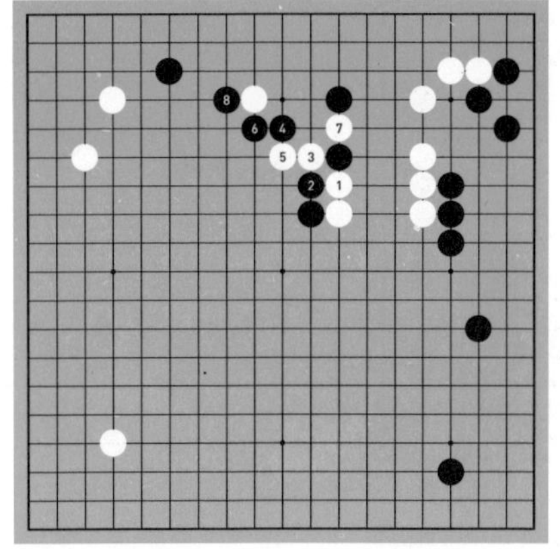 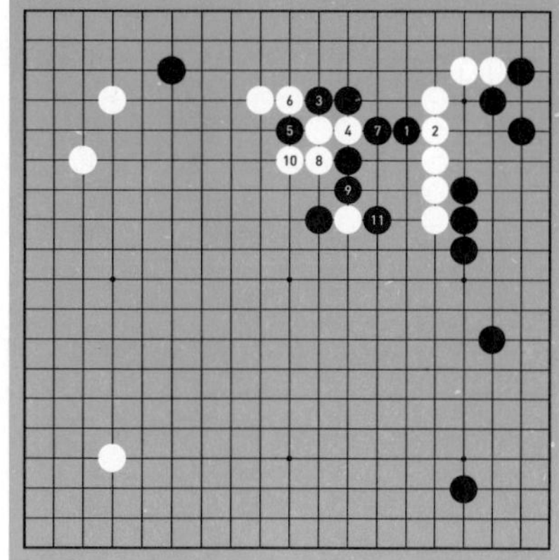

〈4도〉: 이세돌 9단의 생각　　　〈5도〉: 반발을 했어야

이세돌 9단은 〈4도〉의 진행을 예상했다고 한다. 물론 백도 두터워지지만 흑 역시 깔끔한 형태를 취했기 때문에 불만이 없다고 생각했던 것이다. 그리고 24수에 바로 이은 수를 역시 고민했어야 했다고 말했다. 〈5도〉의 그림처럼 반발을 생각했어야 했다. 단순하게 두어가서는 백이 크게 당할 수 있었다.

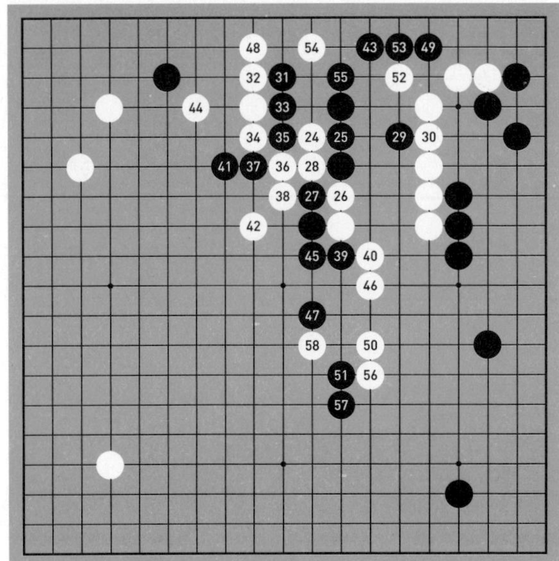

〈6도〉 역시 서로 어려운 진행이었다. 24수라는 비수를 당한 나머지 반격을 미처 생각하지 못했던 것이다. 아무래도 심리적인 부분이 크지 않았을까? 알파고에 대해서 잘 알지 못했기 때문에 방심한 부분이 있었을 것이다. 만약 평소대로 인간과의 대결이었다면 분명히 반격을 생각하지 않았을까.

26수가 등장했을 때는 이미 후회해도 늦은 상황이었다. 흑돌의 차단이 불가피해졌고 불리한 싸움을 피할 수 없게 되었다. 〈7도〉의 그림처럼 타협은 가능했다. 하지만 이 진행은 백이 꽤 두터워지고 나중에 A로 끊는 뒷맛이 상당히 고약했기 때문에 선택하기 힘든 진행이었다. 힘든 싸움이 계속해서 이어졌다. 알파고는 차근차근 공격해 나갔고 절대 무리한 작전을 선택하지 않았다. 상변의 흑돌을 괴롭히면서 조금씩 이득을 챙겨 나갔다.

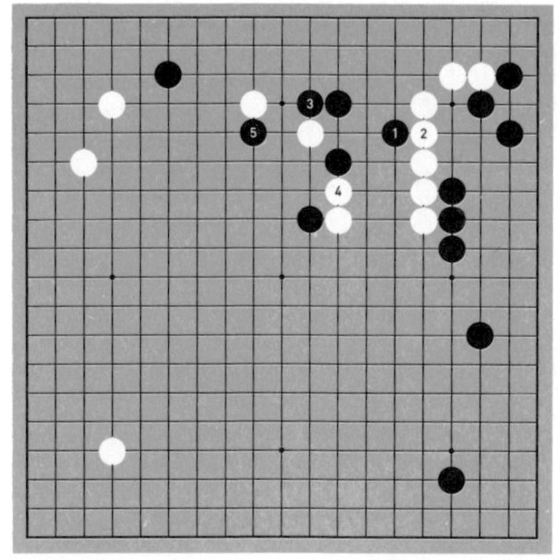

〈6도〉: 혼전

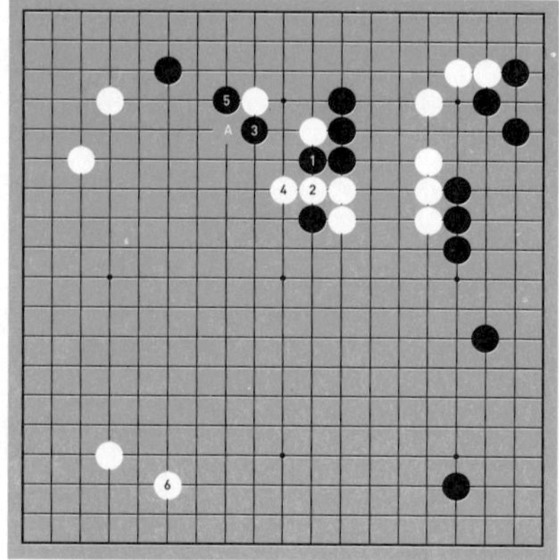

〈7도〉: 백 만족

그나마 다행인 것은 상변의 흑돌을 타개하고 57까지 먼저 머리를 내밀면서 하변의 주도권을 가져올 수 있다는 것이었다. 좌상귀의 피해를 만회할 전장이 생길 수 있다는 희망은 남아 있었던 것이다. 하지만 여기서 등장하는 58수가 나의 두 눈을 의심케 했다. 뻔히 잡히는 줄 알면서 상대방에게 싸움을 걸어간 것이다.

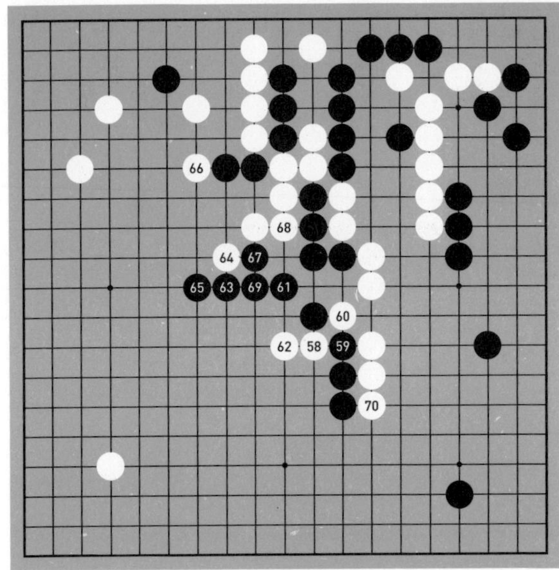

곧 옆에 앉아 있던 동료 기사의 감탄사가 들려왔다. '아, 그런 의미구나.' 알파고는 〈8도〉의 그림처럼 백 한 점을 희생타로 더 좋은 형태를 만들려고 했던 것이다. 마치 야구의 희생 번트를 떠올리게 하는 한 수였다. 도저히 알파고의 알고리즘을 헤아릴 수 없었다. 자신의 돌을 희생하는 컴퓨터가 가능하단 말인가? 마치 컴퓨터가 아닌 사람처럼 느껴지는 순간이었다.

61수 역시 비틀어갔다. 상대방의 의도대로 해주는 법이 없는 이세돌 9단이다. 나름대로 서로 간에 수순이 이어지고 있다. 알파고는 좌상 흑 두 점을 제압했고 선수를 쥐었다. 그리고 70수가 등장했다. 전투를 더욱 이어갈 수도 있었지만 간명하게 흑 진영을 밀고 들어가는 수법을 선택했다. 알파고가 가장 많은 시간을 투자한 수이기도 하다. 2분 4초를 생각하고 선택한 수였는데 그만큼 작전의 기로에 선 만큼 생각할 시간이 필요했던 것이다.

보통 상대방의 뒤를 밀어주는 것은 금기시 되어 있는 행마이다. 빠른 스피드가 중요한 바둑에서 상대방보다 한 발짝씩 늦는 것은 보통 좋은 행마가 아니기 때문이다. 하지만

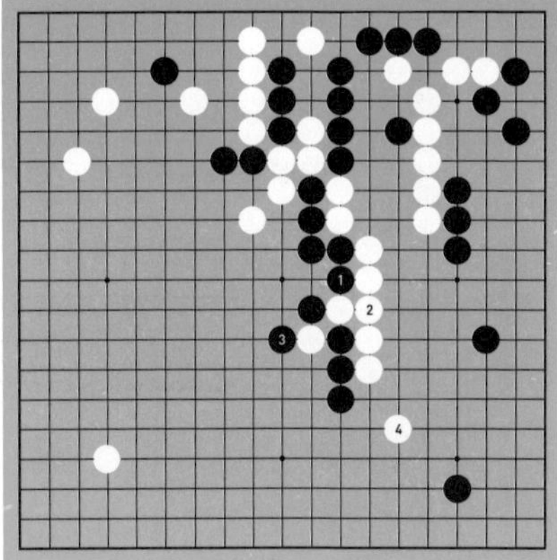

알파고는 철저한 계산에 의해서 최대한 간명한 선택을 한 것이고, 그로 인해 알파고의 승률 기대치가 낮아진 것은 아니었기 때문에 알파고는 최선의 선택을 했다고 믿는 것이다.

결론부터 말하자면 알파고의 승률 기대치가 이 바둑에서 한 번도 50% 이하로 떨어진 적은 없었다. 결국 '그동안 우리가 알고 있던 바둑의 상식과 패러다임은 무엇인가'라는 생각을 피할 수 없었다. 바둑에는 격언이 있고 정석이 있고 기리(수의 좋고 나쁨을 판단하는 이치)가 있다. 그것들을 바탕으로 수읽기를 하고 최선의 수를 찾기 위해 우리는 노력한다. 하지만 알파고는 승리 가능성 50% 이상을 유지할 수 있는 수라면 뭐든지 선택할 수 있다. 그것이 격언과 정석 그리고 기리 등 우리가 말하는 모든 이치와 맞지 않는다 해도 말이다. 철저히 학습과 계산에 의해서 선택을 한다는 것이다. 이러한 알파고의 수법은 1국뿐만 아니라 5국까지 계속된다.

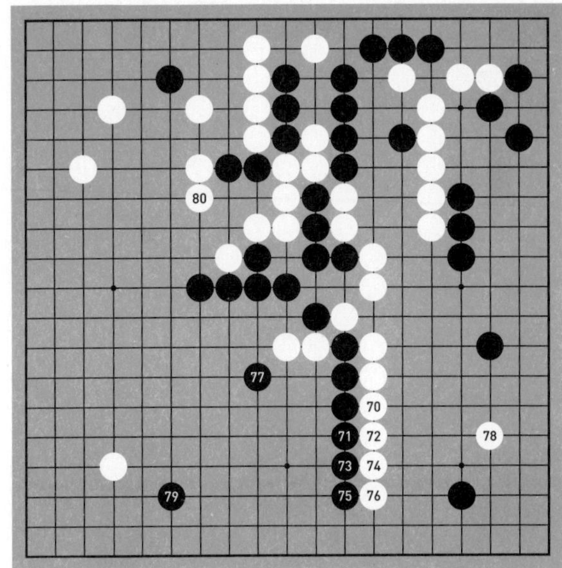

70수부터 76수까지 알파고는 시원하게 밀어갔다. 중앙의 백돌을 포기하더라도 상대방의 진영을 지우게 된다면 성공이라는 생각에서 말이다. 77수로 백돌을 제압한 것은 일견 불만이 없어 보인다. 어떻게 보면 치열한 전투를 예상하고 있었는데 상대방은 그 전투를 포기하고 도망을 간 것처럼 느껴지기 때문이다. 하지만 바로 이어지는 78수는 상당히 큰 자리이다. 이 지점을 차지하기 위해서 알파고는 과감하게 자신의 돌을 버린 것이다. 78수는 집으로 환산한다면 30집에 육박하는 큰 자리였다.

이세돌 9단도 78수에 대한 응수를 하는 것은 주도권을 빼앗길 가능성이 높다고 판단하고 79수로 좌하귀를 걸쳐갔다. 당연히 선수 자리라고 판단되는 곳이었다. 하지만 알파고는 그런 감각이 전혀 없었다. 인간과 인간의 바둑에서는 당연하게 통용되는 감각이라는 것이 있다. 예를 들면 한쪽에서 '나는 이 돌을 공격할거야'라고 의사표시를 한다면 상대방은 '그렇다면 난 이 돌을 안전하게 살려야지'라고 대답하는 형식이다. 물론 실제로 말을 하는 것이 아니라 바둑은 수담(手談), 즉 자신의 수로써 대화를 하는 것이다. 알파고와의 대결이 어려운 이유는 이런 수담, 즉 말이 통하지 않기 때문이다. 말이

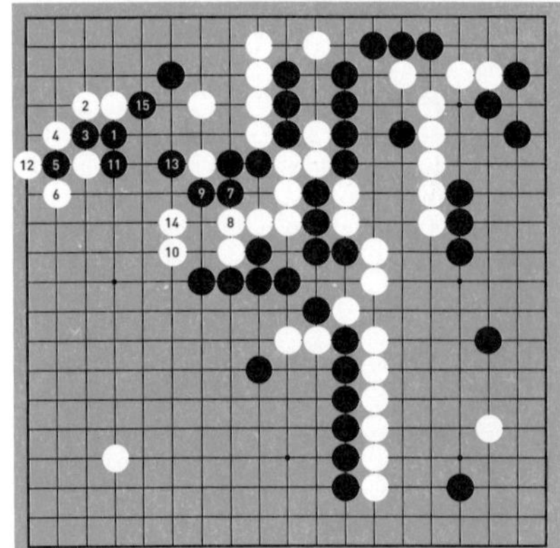

통하지 않는 적과는 타협이 이루어질 수 없는 것처럼 알파고와의 대결은 스스로 빈틈을 보이면 바로 위기를 맞이할 수 있다는 것을 의미한다. 알파고는 두려움이란 감정 역시 없기 때문에 50% 이상의 확률만 포착된다면 어떤 수든지 결행한다.

80수. 나는 이 수가 알파고의 실착이라고 생각했다. 적어도 인간의 직관으로써 그 수는 너무나 느린 수였다. 그리고 그 앞의 79수는 좌하귀 백돌을 공격하겠다고 으름장을 놓은 수였기 때문에 더더욱 이해가 안 되는 부분이었다. 심지어는 진다면 패착이 될 것이라는 해설을 곁들였다. 그만큼 나의 감각으로는 상상하기 힘든 수였다. '그보다 상당히 급한 자리가 있는데 왜 하필 지금일까?'라는 생각을 했다. 첫 번째 대국이 끝나고 나서도 이 의문점은 쉽사리 풀리지 않았다.

하지만 이세돌 9단과의 복기를 통해서 해답을 찾을 수 있었다. 그것은 바로 〈9도〉 좌하귀를 걸쳐간 것으로, 먼저 좌상귀에 수단을 부렸어야 했다고 한다. 실리 손실을 피하고자 최강으로 두어간다면 중앙 부분의 약점으로 인해서 백돌이 위험해지는 장면이다. 79수는 알파고가 받아줄 것이라는 기대를 하고 둔 수였는데 80으로 손을 돌리자 기회가 사라졌다는 이야기를 하는 것이었다. 놀라웠다. 분명히 좌하귀를 연타해 꽤 이득을 보았음에도 불구하고 80으로 인해 기회가 사라졌다고 말을 하는 것이다.

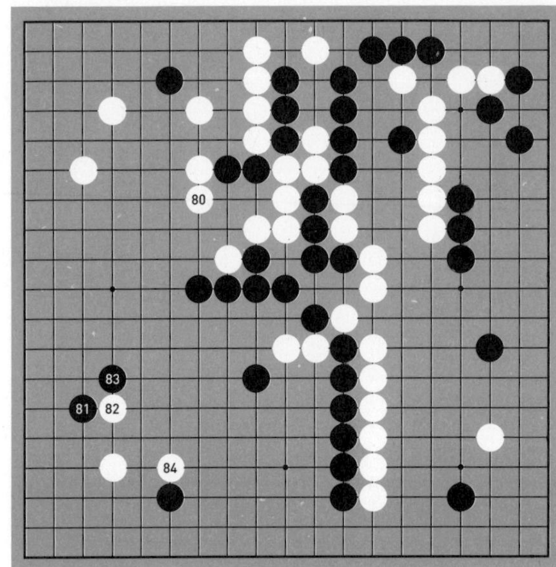

81수는 당연한 응징이다. 손을 돌렸기 때문에 좌하귀에 대한 폭격을 시작해야 했다. 알파고는 82수와 84수로 현란한 움직임을 보여주며 타개를 시도했다. 이 수법은 전설의 우칭위안● 선생이 즐겨 쓰던 수법이다. 참으로 재밌는 장면이었다. 알파고의 바둑은 마치 예전에 두어졌던 바둑까지 학습을 하고 해답까지 찾은 것이 아닐까 하는 생각이 들었다.

●
우칭위안(吳淸源, 1914~2014) : 영원한 기성(棋聖)이라 불리는 중국의 바둑기사. 1933년에는 기타니 미노루(木谷實)와 함께 신포석(新布石)을 만들어 현대 바둑의 창시자라고 불렸다. 신포석은 흉내 바둑, 3 · 3, 화점, 천원 착점 등 400여 년 동안 통용됐던 전통적 일본 실리 포석에서 벗어난 바둑계의 혁명으로 평가된다.(시사상식사전(박문각) 참고)

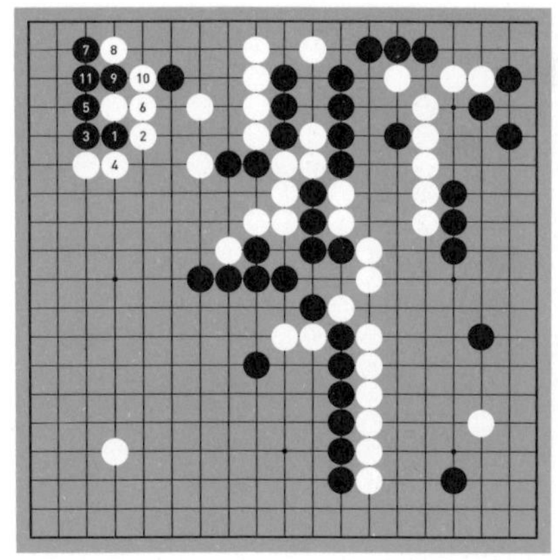

〈10도〉: 흑 성공

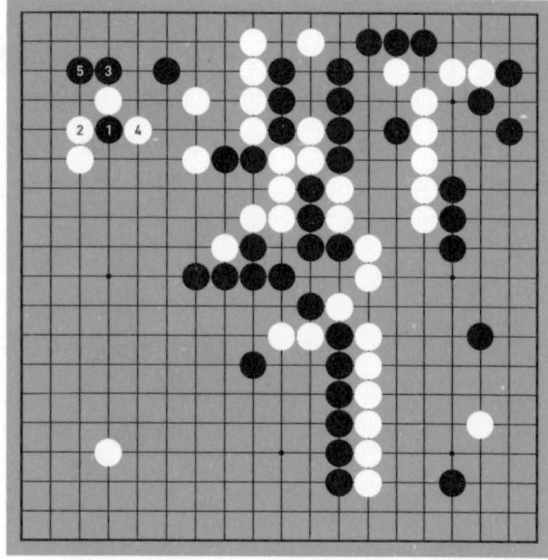

〈11도〉: 대동소이

〈10도〉와 〈11도〉는 백으로선 어쩔 수 없는 타협이다. 백의 보가•가 될 수도 있었던 좌상귀를 오히려 빼앗은 모습이기 때문에 흑으로서는 만족스러운 그림이다.

보가(補家) : 바둑에서 원래 차지하고 있던 집에 비교적 작은 보탬이 되는 집.

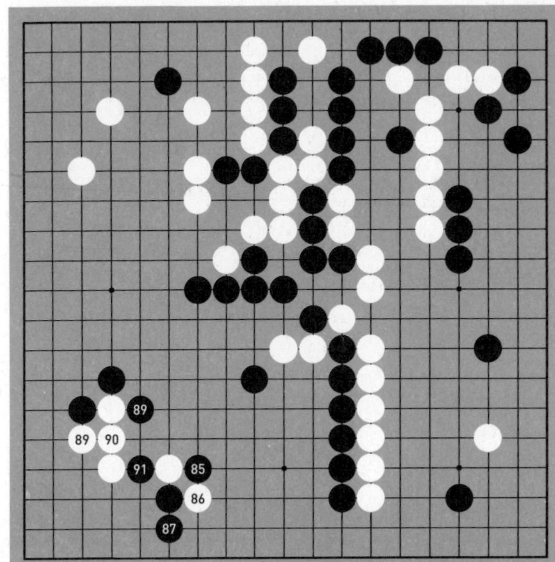

하지만 이 생각은 그리 오래가지 않았다. 90수로 인해서 말이다. '알파고의 아버지' 데
미스 하사비스는 이 부분에서 알파고의 버그성 수법이 등장했다고 말했다. 그렇다. 90
으로는 여러 가지 수법이 있었다. 〈12도〉를 살펴보자. 1의 수법은 한눈에 보더라도 멋
들어진 수이다. 백돌의 타개와 동시에 흑 진영을 삭감할 수 있는 모습이다.

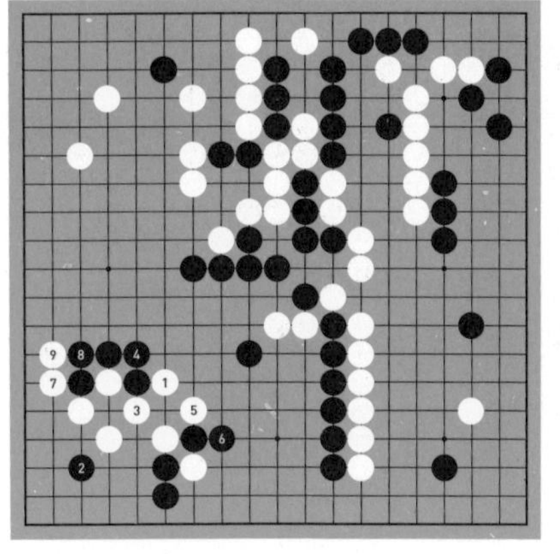

〈12도〉: 멋진 맥점

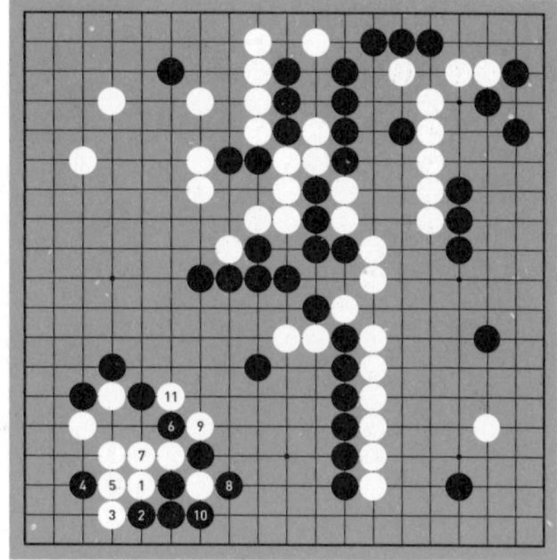

〈13도〉: 냉정한 수법

〈13도〉를 살펴보자. 이 수법은 화려하진 않아도 간명하게 처리할 수 있는 그림이다. 역시 흑의 중앙을 견제할 수 있는 진행이다. 실전은 91수로 인해 흑 집은 상당히 크게 형성되었고 이 부분에서 분명 형세는 역전이 되었다고 생각했다. 그리고 나는 흑의 우세를 선언했다. 그만큼 91수는 정말 기분이 좋은 수였다. 누구라도 이 수는 기분 좋게 두었을 것이다. 그렇지만 정말 놀랍고도 믿기지 않는 사실은 결과적으로 91수가 마지막 기회를 놓친 패착이라는 것이다. 그 이유는 우변에서 먼저 정비해야 할 수순이 필요했기 때문이다.

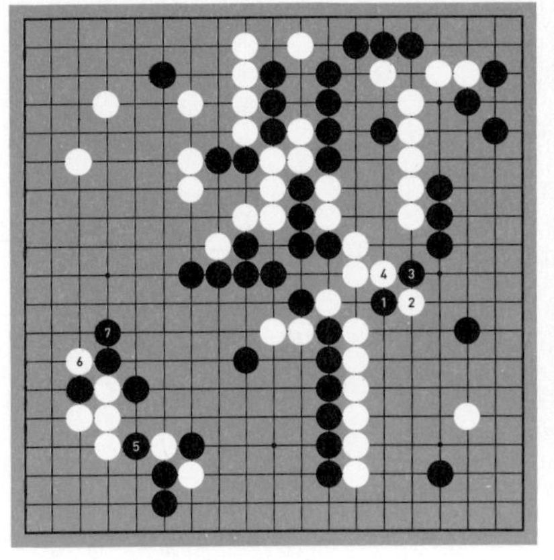

〈14도〉: 필살의 타이밍

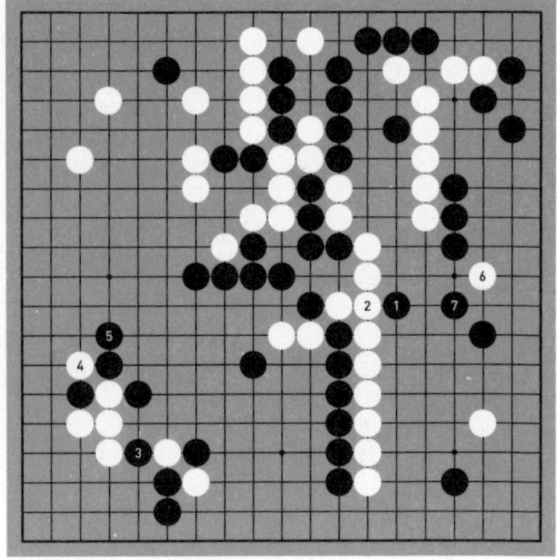

〈15도〉: 6의 수는 불가

〈14도〉를 살펴보자. 1로 백의 약점을 들여다보며 응수타진*을 할 필요성이 있었다. 2, 4로 응수한다면 그 때 5로 백돌을 제압하는 것이 수순이었다. 〈15도〉를 보자. 1의 응수타진에 다른 반발 없이 이어준다면 훗날 등장하는 알파고의 비수를 막아낼 수 있었다. 바로 7의 응수로 말이다. 그렇다면 응수를 하지 않는 방법은 없었을까?

그 해답은 〈16도〉에 나와 있다. 2를 교환한 뒤 4로 손을 돌리면 백돌이 차단된다. 그리고 얼핏 보면 8로 인해 양단수가 되는 것처럼 보이지만, 흑 한 점을 포기하고 9로 연결한다면 백은 흑 한 점을 잡을 수는 있더라도 전체 대마가 살아가긴 어렵다. 기존에 백 두 점을 봉쇄한 흑의 한 수가 지금은 백 전체 대마를 봉쇄하는 수로 변하기 때문이다.

응수타진(應手打診) : 다음 수를 결정하기 전에 먼저 상대방의 뜻을 묻는 착수 행위로 바둑 전술의 하나.

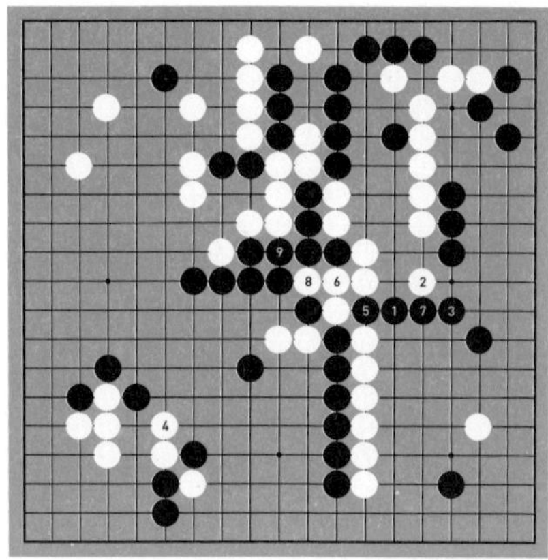

〈16도〉: 백 대마 침몰

결론을 말하자면 흑의 응수타진에 백은 선수를 뺏어올 수 없었다. 즉 어떤 형태로든 응수를 해야 하는데 그 과정에서 흑의 약점은 사라지게 되는 것이었다.

〈14도〉의 응수타진은 오랜 복기를 통해서 간신히 찾아낸 유일한 수순이었다. 만약 그 수를 당했다면 한번도 50% 이하로 승률 기대치가 떨어지지 않은 1국에서 어떤 변화가 있었을지 예측불허이다. 어떤 대가를 치르더라도 그 순간으로 돌아갈 수만 있다면 돌아가서 알파고에게 이렇게 묻고 싶다.

"그 수를 당하더라도 너의 승률 기대치는 50% 이상이었니?"

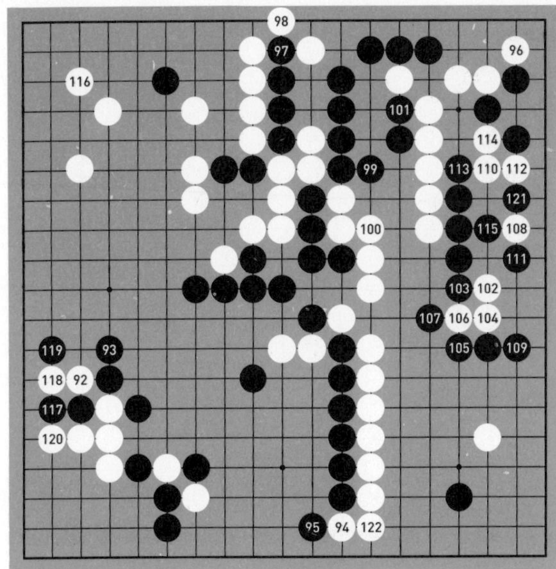

실전으로 돌아가서, 93수까지 이르렀을 때는 흑의 집이 백의 집을 훨씬 상회하고 있다고 판단되었다. 좌하귀에서 상당한 전과를 얻어 만들어낸 하 중앙 흑의 영토가 너무나 크게 형성되었기 때문이다. 그 전까지의 알파고의 수법은 날카롭고 완벽하게 느껴졌지만 좌하귀의 실패로 인해 아직 인공지능이 인간을 뛰어넘기는 힘든 것이 아닌가라는 생각을 하고 있었다. 그런데 그 순간 반상에 102수가 등장했다.

"어? 무슨 수지?"

주위에서 동료기사의 목소리가 들려왔다. 나 역시 '알파고의 승부수가 등장한 것인가?'라는 생각을 했다. 아무도 예상하지 못한 수였고 일견 무리수처럼 보였다. 반격과 타협책 모든 관점에서 그 수에 대한 대응책을 찾기 시작했다. 하지만 곰곰이 생각해 보아도 뾰족한 대응책을 찾을 수 없었다.

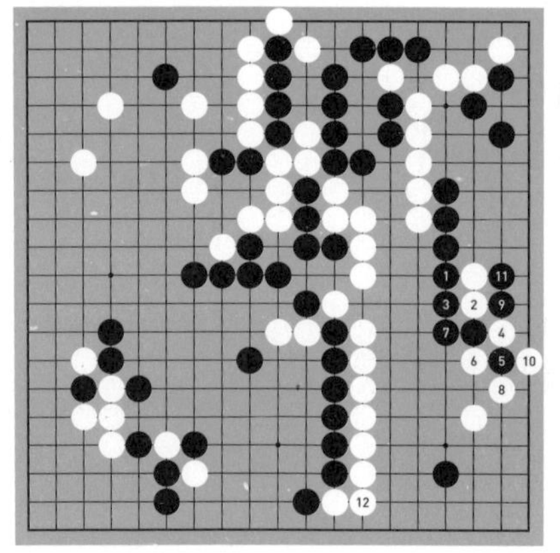

〈17도〉: 백 승리의 길

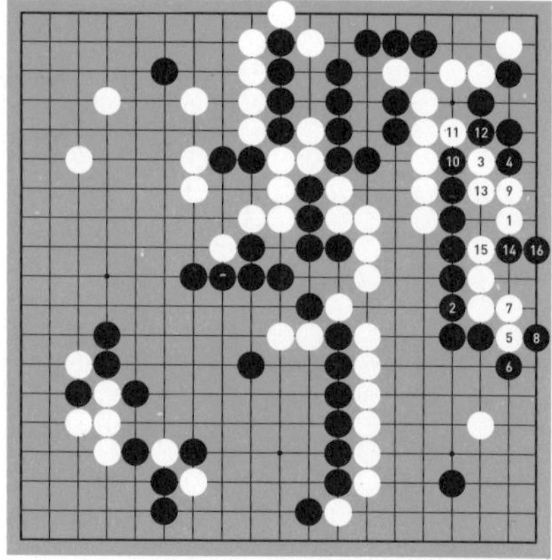

〈18도〉: 백 위험

〈17도〉를 보자. 가장 간명한 수법이지만 이것은 알파고가 원하는 그림이다. 역시 백 두 점을 희생타로 우하귀에 큰 백의 집을 형성하게 된다. 그 순간 집 균형은 백에게 넘어가게 되고 형세는 역전되는 것이다. 102수가 등장하면서부터 이세돌 9단의 움직임이 점점 커져갔다. 한 마디로 예상치 못한 그 한 수에 당황하기 시작했던 것이다. 장고에 장고를 거듭하면서 결국 103과 105로 대응했다. 103수를 두기까지는 10분 31초가 걸렸다. 첫 번째 대국에서 가장 긴 시간을 사용하며 장고를 거듭한 끝에 선택한 수였다. 그만큼 다른 수단은 보이지 않았던 것이다.

이어지는 알파고의 106수와 108수 수순이 좀 묘하다고 느껴졌다. '왜 106수를 교환한 것일까?'라는 의문점이 생기기 시작했다. 그러나 〈18도〉를 보면 그 의문점이 사라진다. 106수의 교환을 생략한다면 흑은 바로 그 약점을 지키게 된다. 그로 인해 안에서 수상전●이 발생하는데 〈18도〉의 그림은 백이 잡힌 모습이다. 자, 그럼 실전처럼 타협을 하지 않는다면 어떤 변화가 생길까?

●

수상전 : 바둑에서 상대 돌에 둘러싸여 달아날 곳도 없고, 그 안에서 온전한 삶을 구할 수도 없는 두 돌들(미생마) 사이에 벌어지는 사활을 건 싸움.

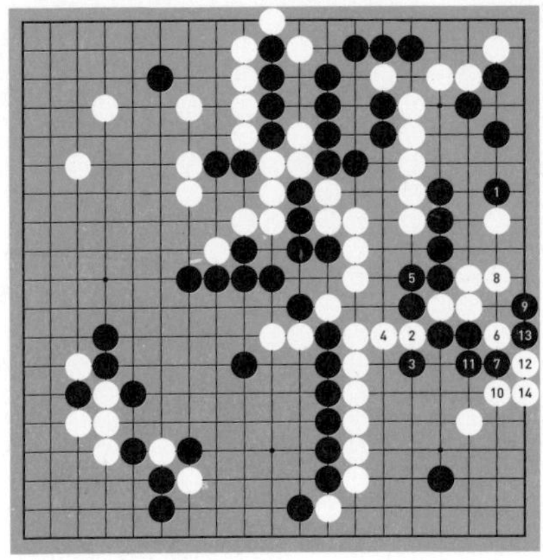

〈19도〉: 흑 무리

〈19도〉를 살펴보자. 백 전체를 잡으러 간다면 백은 흑의 약점을 이용해 반격을 가할 수 있다. 오히려 흑이 위험해지는 모습이다. 그렇다면 실전의 바꿔치기는 피할 수 없었다는 결론에 이르게 되는데, 선수로 우상귀 흑 석 점을 제압하고 반상 최대의 땅인 좌상귀를 백이 차지하게 되면 역전이 된다. 아니 알파고의 입장에서는 역전이라는 표현이 적절하지 않다. 처음부터 이런 진행을 예상했기 때문이다. 좌상귀는 25집 이상의 가치를 가지고 있는 상당히 큰 지점이었다. 그런 곳을 남겨두고 알파고는 우변 흑 진영을 급습했고 선수로 이득을 챙기며 유유히 손을 돌렸다. 얼마나 뻔뻔스러운 진행이란 말인가? 마치 솜씨 좋은 도둑이 남의 집을 털어가며 유유히 담장 위를 걸어가는 모습 같았다. 알파고에게는 양심도 도덕도 없었다. 그저 이기적인 정답만을 추구했다. 그 모습에 우리는 치를 떨어야 했고 충격과 공포를 느끼기에 충분했다.

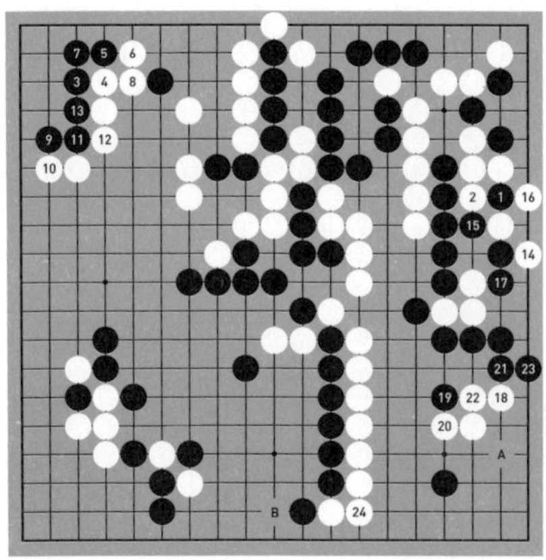

〈20도〉 : 묘수를 두고 지다

〈20도〉를 보자. 선수를 뽑아 좌상귀를 가는 수가 있었다. 이세돌 9단 역시 이 수를 보고 있었는데 18의 급소가 너무도 아파서 결행을 하지 못했던 것이다. 좌상귀의 이득을 본 만큼 손실이 불가피한 모습이다. 우하귀와 하변 즉 A와 B의 자리가 맞보기가 된다. 기브 앤 테이크(GIVE&TAKE). 바둑에서 가장 절대적인 룰이다. 얻는 것이 있다면 잃는 것 역시 피할 수 없다. 예를 들면 눈에 보이는 실리를 차지하더라도 그에 상응하는 세력을 내어줄 수밖에 없다. 그 세력은 당장 집으로 환산할 수 없지만 분명 얻어낸 실리와 상응하는 마이너스 요소이다. 다만 우리는 조금 더 얻어내고 조금 덜 내어주는 방법이 없을까 연구할 뿐이다. 그것이 바둑에서 이기는 길이기 때문이다.

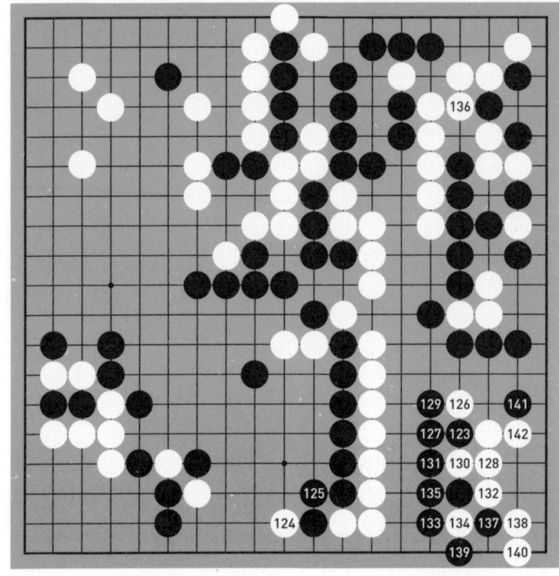

대국 후 이세돌 9단은 123수를 가장 먼저 후회했다. 〈21도〉의 그림으로 갔으면 어땠을까 하는 생각이었다. 분명 실전의 진행보다 나아 보였다. 미세한 차이로 흑과 백이 각축을 벌이며 진행될 수 있었다. 하지만 흑의 승리로 갈 수는 없었다. 이미 상황은 알파고에게 유리했고 그 차이를 뒤집는 진행은 없었다. 수순 중 130을 교환하고 132로 막은 것이 인상 깊었다. 얼핏 보면 자충수라는 생각이 든다. 하지만 130의 교환을 생략한다면, 〈22도〉에서처럼 흑은 그곳으로 연결한다. 그리고 실전과 같은 진행이 이어지는데, 흑은 나중에 A 자리를 두게 되었을 때 집 모양이 생긴다. 130은 그것을 예방한 알파고의 수순이었던 것이다.

우하귀의 주인이 흑이 아닌 백이 되는 순간, 이 바둑은 차이가 더욱 벌어졌다. 136수는 수순을 빠뜨린 수였다. 우하귀 백 한 점을 연결하는 것이 선수 자리였는데, 그것을 생략한 것이다. 실전의 진행은 알파고가 한 집 손해를 본 듯했다. 141의 자리가 흑에게 먼저 돌아왔고 알파고의 정교함이 부족해 보였던 순간이었다. 하지만 또다시 들려오는 목소리. "설마 이 수를 준비해두었던 것일까?" 바로 〈23도〉의 1로 뛰는 수였다. 다시

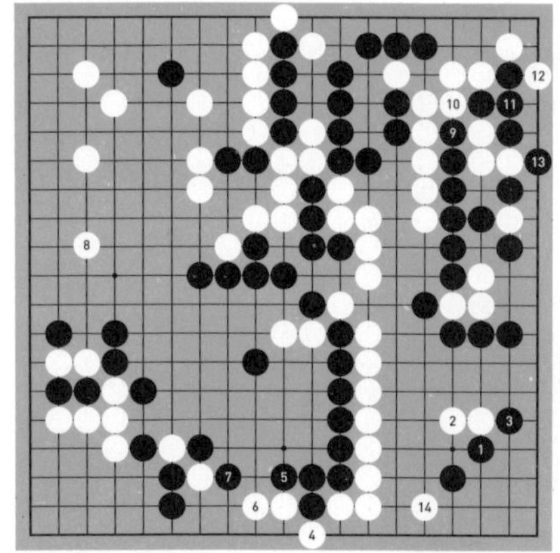

〈21도〉 : 백 승리는 불변

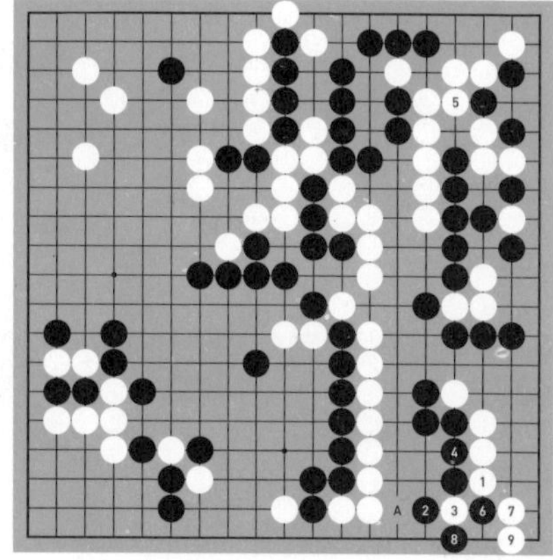

〈22도〉 : 알파고의 알고리즘

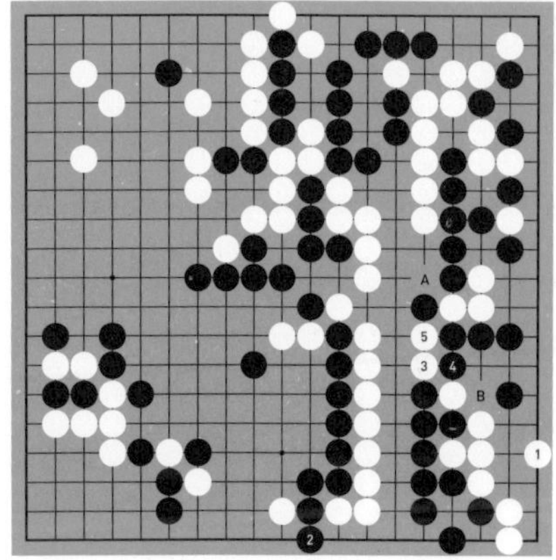

〈23도〉 : 알파고가 놓친 수

소름이 돋았다. 이 수로 인해 백의 사활은 문제가 없었고 다음에 3, 5로 두어 A와 B를 맞보기 하는 수법이 남게 되었다.

"그렇다면 우리가 놓쳤다고 생각한 그 교환도 일부러 생략한 걸까?" 아무도 말이 없었다. 그러나 알파고는 142로 평범하게 막았다. 우리는 안도감에 한숨을 쉬었다. 좌하귀에서도 볼 수 있듯이 알파고의 바둑은 완벽하지는 않다는 생각이 들었다.

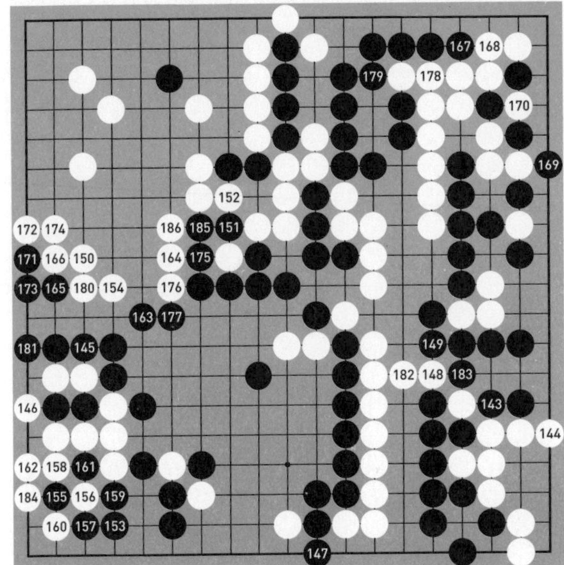

수순은 계속해서 이어졌다. 이세돌 9단은 끝내기에서 역전의 수순을 찾기 위해 노력했지만 알파고의 마무리는 완벽했다. 결국 186수 이후 이세돌 9단은 사석을 집어 들어 기권을 선언했다. 이세돌 9단의 시간이 30여 분 남은 시점이었다. 역사적인 첫 번째 대결은 알파고의 승리로 막을 내렸다.

1국이 끝나고 나서

　1국이 끝나고 이세돌 9단이 기자회견에서 알파고에 대한 인터뷰를 진행했다. 우선 많이 놀란 듯 당황한 모습이었다. 옆에서 지켜보던 우리도 많이 놀랐는데 당사자인 대국자는 오죽했겠는가. 이세돌 9단은 첫 번째 대국에서 알파고의 두 가지 묘수가 있었다고 말했다. 초반에 등장한 24수 그리고 우변에 침투한 102수였다. 첫 번째 알파고의 묘수는 깜짝 놀라게 만들었고 두 번째 묘수는 앞으로의 대결이 쉽지 않음을 알려주었다고 말했다.

　특히 102수의 묘수는 프로기사들도 전혀 예상하지 못한 것이었다. '이번 알파고와의 대결에서 이세돌 9단의 압승을 예상하지만, 딱 한 가지 변수를 둔다면 알파고가 데이터에만 의존하는 것이 아니라 창의적인 수법을 쓴다면 이 승부의 양상은 오리무중이 될 것'이라는 인터뷰가 기억났다. 알파고는 1국부터 놀라운 창의력을 보여주었고 알파고와의 대결이 쉽지 않겠다는 느낌을 지울 수 없었다. 어쩌면 그 역시 창의력이 아닌 학습에 의한 데이터일지도 모르겠지만 말이다.

다음날 많은 동료 기사들이 중국행 비행기에 몸을 실어야 했다. 백령배 세계바둑대회에 참가하기 위해서였다. 나 역시 그 대회에 참가 신청을 해두고 있었다. 하지만 결국 나는 중국행 비행기 티켓을 취소했다. 이번 이세돌9단과 알파고 대국의 해설을 맡았기 때문이다.

사실 처음에는 해설 제안을 거절했었다. 싱거운 대결이 될 것이라고 생각했기 때문이다. 하지만 대안을 찾기가 쉽지 않다는 바둑 TV PD의 부탁에 결국 나는 비행기 티켓을 취소했다. 나는 '백령배 우승상금 3억 원 대신 의리를 택했다'며 농담을 던지기도 했다. 하지만 이렇게 치열하고 중요한 승부가 될 줄은 아무도 모르고 있었다. 선배 기사인 안조영 9단 역시 1국이 끝난 뒤 이런 말을 했었다.

"이런 승부인줄 알았다면 중국행 비행기 티켓을 끊지 않았을 거야."

한국에 남아 더 가까이에서 알파고와 이세돌의 대국을 면밀히 지켜봤어야 했다고 덧붙이면서 말이다. 동료기사인 원성진 9단도 비슷한 말을 했다.

"지금 이런 마음으로 중국에 가서는 대국을 하더라도 집중하기는 어려울 것 같아."

그만큼 우리는 심적 동요가 심했다. 몇 십년 간 우리나라 바둑계가 쌓아온 공든 탑이 무너질 수도 있다는 불길한 예감마저 들었다. 아니, 체스에 이어 바둑에서도 인간이 인공지능에게 지는 상황을 맞이하게 되었다는 좌절감이 더 컸다고 해야 할까. 1국을 지켜보는 내내 우리는 놀랄 수밖에 없었고 알파고에 대한 두려움이 생기기 시작했다. 나는 중국에 가지 않고 해설을 맡은 것이 다행이라고 생각했다. 이 역사적인 승부를 가까이서 지켜보며 연구하고 또 해설하게 된 것이 의미 있다고 여겼다.

그와 동시에 공허한 마음이 밀려왔다. 동료기사들이 여러 명 있었지만 대국이 끝나자 한동안 적막이 흘렀다. 내가 느꼈던 무언가 표현하기 힘든 공허함을 아마 모두 느꼈던 것이다.

그래도 나는 속으로 생각했다.

'아직 첫 판이고 오늘은 이세돌 9단이 방심한 부분이 있었을 것이다. 그리고 진정한 승부는 내일이 될 것이다.'

집에 가는 발걸음이 무거웠지만 내일의 대국에선 승리할 수 있을 것이라는 믿음을 가지고 뚜벅뚜벅 걸어갔다.

제2국

알고리즘, 인간의 직관을 넘어서다

GOOGLE DEEPMIND CHALENGE MATCH 2nd

2014. 03. 10

○ 알파고

● 이세돌

| 211수 끝, 흑불계승 |

대국장에서
직접 참관하다

요란한 전화벨 소리에 부족한 잠을 뒤로한 채 몸을 일으켰다. 사실 어젯밤에 잠이 오질 않아 늦은 시각까지 깨어 있었기 때문에 나에겐 마치 새벽처럼 느껴진 오전 9시 경이었다. 누군가 하고 봤더니 KBS 해설위원이자 동네 이웃 주민인 절친한 동료 기사 박정상 9단이었다. 무슨 일인가 했더니 오늘 대국장인 포시즌스 호텔로 갈 생각이 없냐고 묻는 것이었다. 당연히 가고 싶었다. 그리고 싶은 마음이 왜 없겠는가. 하지만 그곳은 초청장이 없으면 들어갈 수가 없었다. 프로기사 중에서는 해설자와 심판관 그리고 관계자 외에는 초청을 받은 사람이 없었다. 그곳은 수백 명이 들어갈 수 있는 공간이었지만, 300명이 넘는 프로기사 모두를 수용할 수 없기 때문에 애초에 모든 프로기사 초청은 고려하지 않았던 모양이다. 그리고 몇 명을 지정해 초청한다면 형평성에 어긋나기 때문에 그리 하지도 못했을 것이다.

아쉬운 마음에 단념을 하고 있었는데 아침에 박정상 9단에게서 전화가 온 것이다. 잠이 덜 깨서 잘못 들은 줄 알았다. 하지만 박정상 9단은 다시 한 번 내게 말했다.

"방법이 있을 거야. 조금만 기다려봐."

역시 박정상 9단은 불가능한 일을 가능케 하는 능력자다. 이제야 밝히지만 우리는 그 날 이름을 속이고 포시즌스 호텔 대국장에 들어갔다. 한국기원 직원의 이름으로 말이다. 처음에 한국기원 측에 배정된 인원 중 참석하지 않는 사람도 있었는데, 우리는 그들의 명단을 파악해 그들의 이름으로 대신 입장한 것이다. 지금 생각해봐도 일일이 출입자를 검사하고 있던 구글 직원을 속이고 들어가는 순간은 아찔하면서도 짜릿했다. 이렇게까지 해야 하나 싶었지만 세기의 대결이 펼쳐지는 그곳에 이세돌 9단과 함께하고 싶었다.

사실 1국을 지고 나서 이세돌 9단은 정말 복기를 하고 싶어 했다. 그렇지만 알파고와 복기를 할 수도 없고 앞에 있는 아자황 박사와 할 수도 없는 상황이었다. 이러지도 저러지도 못하는 모습을 보니 내가 그 자리에 함께하지 못한 것이 안타까웠다. 나와 같은 기분을 느낀 프로기사들은 무척 많았다. 패배의 아픔을 복기로 달래지도 못하는 그 상황이 너무도 안타까웠다. 어쨌든 우리는 호텔로 들어갔다. 사실 이 날 공개해설을 맡은 김여원 캐스터(박정상 9단의 아내)가 많은 도움을 주지 않았다면 어려웠을 일이다.

대국장에는 수많은 내외신 취재진들이 포진되어 있었다. 물론 중국에서 엄청난 인파와 경찰들이 동원되어 치러진 행사를 경험한 적이 있지만 그 때도 이 정도까지는 아니었다. 이곳 대국장에는 취재진만 수 백 명이 넘게 있었다. 물론 이보다 더 많은 사람들이 다양한 매체와 채널을 통해 세기의 대결을 주목하고 있었다. 아무래도 인공지능의 발전이 언젠가 인류를 위협하는 전환점이 될 수 있는 역사적 사건이라는 생각에 사람들의 관심이 높았던 것이다. 그 동안 영화에서만 봐왔던 인간과 인공지능의 대결이 정말 내 눈 앞에서 펼쳐지는 순간이었다. 옆에서 지켜보는 것만으로도 나는 손에 땀이 나고 입술이 바짝 마르는 듯했다. 내가 이럴진대 이세돌 9단은 얼마나 긴장 될까? 이세돌 9단은 바둑 기사들 중에서도 배짱이 두둑한 세기의 승부사지만 아무래도 이번 순간만큼은 떨렸을 것이다. 알파고와의 대국에 앞서 한 인터뷰가 떠올랐다.

"실력적인 것보다는 심리적인 부분에 신경을 써야 할 것 같습니다."

나와 박정상 9단은 대국 시작 전 대기실에서 커피를 한 잔 마시며 이세돌 9단을 기다리고 있었다. 5분 정도 지났을까, 이세돌 9단이 아내와 딸 혜림이와 함께 대기실로 들어왔다. 생각보다 표정이 밝아 보였다. 1국 패배의 아픔을 어느 정도 잊은 모습이었다. 하지만 깊은 내면 속에서 솟는 비장함도 동시에 느낄 수 있었다.

오랜만에 보는 형수님과 혜림이가 무척 반가웠다. 나는 이세돌 9단에게 농담을 던졌다.

"형! 어떻게 나까지 응원을 나오게 만들어?"

이세돌 9단은 겸연쩍은 웃음을 지었지만 속으로는 '네가 한번 둬봐라'라고 말하는 듯했다. 우리는 이세돌 9단의 긴장된 마음을 풀어주기 위해 예전 추억을 되살리며 대화를 나눴다. 형수님이 나와 박정상 9단을 처음 봤을 때 당연히 이세돌 9단보다 형인 줄 알았다고 솔직하게 토로했다. 이세돌 9단과 나는 한 살 차이이기에 누가 더 나이들어 보인다는 평가에 개의치는 않지만 이세돌 9단은 극강의 동안이기 때문에 늘 주변 사람들이 피해를 본다. 우리는 이런 저런 농담을 주고받으며 긴장을 풀었다. 그러나 대화를 하면 할수록 이세돌 9단보다 내가 더 긴장하고 경직되는 듯했다. 그만큼 나는 대국을 앞둔 이세돌 9단과 함께 호흡하고 있음을 느꼈고, 내가 시합을 앞둔 것처럼 긴장감이 서서히 고조되었다.

대국 시간이 임박했고 우리는 대국장으로 이동했다. 1국과는 다르게 대국장에는 무거운 공기가 가라앉아 있었고 비장한 표정으로 이세돌 9단이 입장했다. 나는 속으로 '오늘이 진짜 승부다'라고 생각했다.

대국이 시작되었다. 알파고의 대리인 아자황 박사의 모습을 보니 정말 '알파고스럽다'는 생각이 들었다. 아자황을 가리켜 '진짜 사람처럼 생긴 로봇이네?'라고 말을 하는 사람도 있었다. 그만큼 아자황은 대국 중 미동하지 않았고 화장실도 가지 않은 채 컴퓨터와 바둑판만 응시했을 뿐이다. 바둑을 잘 모르는 사람들은 그런 아자황의 모습이 얄밉고 냉정하다고 생각할 것이다. 하지만 바둑을 둬본 사람이라면 그는 최고의 매너를 가진 사람임을 알 수 있다.

나중에야 알았지만 알파고는 덤이 7집 반인 중국 룰에서 흑과 백의 승률 기대치가 다르다고 판단한다. 흑이 이길 확률은 48%, 백이 이길 확률은 52%. 백이 조금이나마 유리하다고 판단한다는 것이다. 아무래도 수백만 번의 대국을 통해 얻어진 데이터인 듯 싶었다. 그래서인지 흑을 들었을 때와 백을 들었을 때 운영을 다르게 한다. 흑번일 때는 적극적으로, 백번일 때는 안정적으로 두는 것이다.

중국의 바둑 신성 커제 역시 '7집 반은 백이 확실히 유리하다'고 말했고 대다수의 프로기사들 역시 중국 룰에서는 흑보다 백이 좋다고 이야기한다. 어쩌

면 우리와 알파고가 유일하게 같은 생각을 하는 부분일지도 모른다는 생각이
들었다.

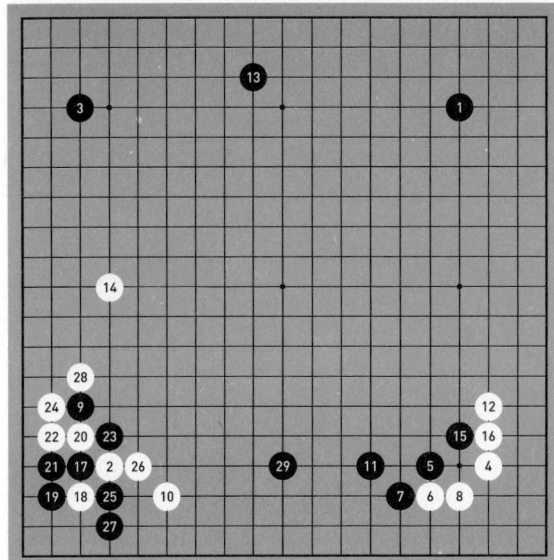

이세돌 9단과 알파고의 두 번째 대국이 시작되었다. 뚜벅뚜벅 한 수씩 주고받고 있었다. 무난하게 흘러갈 것 같은 초반이었는데 알파고의 13수가 등장하면서 몰입감이 생기기 시작했다.

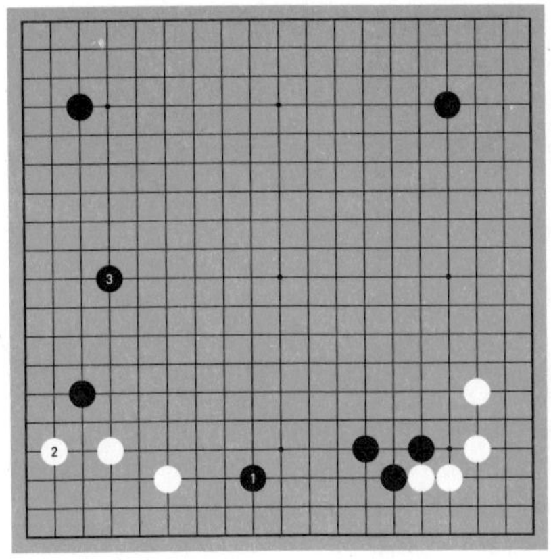

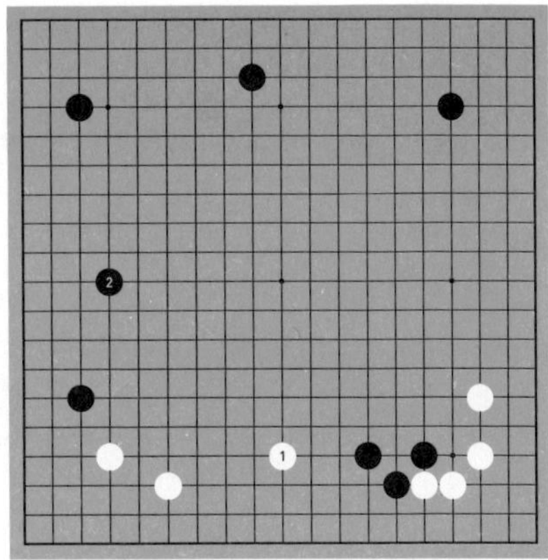

〈1도〉: 무난한 진행　　　　　　**〈2도〉: 알파고의 의도**

보통이라면 〈1도〉의 모양으로 진행을 했을 텐데, 알파고는 자신의 돌을 돌보기보다 큰 모양을 형성하려는 움직임을 보여줬다. 아무래도 〈2도〉의 자리로 협공을 한다면 재차 손을 돌려 큰 곳을 차지했을 것이다. 여기까지는 이해가 된다. 그런데 알파고는 다시 15수를 두며 고개를 갸웃거리게 만들었다.

물론 이상한 수는 아니지만 언제든지 선수로 교환할 수 있는 곳을 지금 이 타이밍에 둔 것이다. 보통 고수들은 이런 교환을 아끼기 마련이다. 하지만 알파고는 서슴없이 교환을 했다. 여전히 왜 이 타이밍에 교환을 한 것인지는 미스터리로 남아 있다. 28수를 둔 이세돌 9단은 나름 만족한 손길이었다. 그리고 그것은 너무도 당연해 보였다. 우리의 상식으로는 28까지의 진행은 백이 좋아야 정상이었다. 아니 그동안 그렇게 믿고 있었다. 하지만 알파고는 그런 우리를 비웃기라도 하는 듯 1분 남짓의 시간을 사용한 뒤 29수를 착수했다. 마치 백의 세력권이 그 한 수로 견제가 되었다고 말을 하는 듯했다.

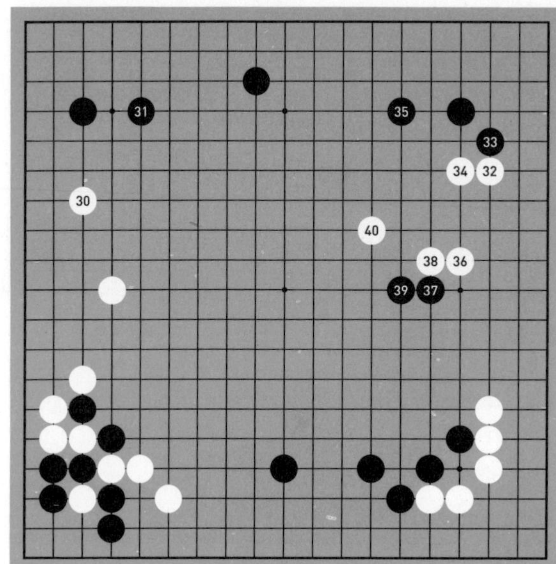

새로운 패러다임을
제시하다, 37수

제2보 : 30~40수

36수까지 이세돌 9단은 두텁게 포석을 짜 나갔다. 1국의 패배를 포석 실패로 생각한 만큼 그 날 대국은 포석에서 신중에 신중을 기하는 모습이었다. 그런데 여기서 등장하는 37수. 지켜보던 모든 이들을 경악하게 만든 수였다. 우리는 모두 깜짝 놀랐다. 그런데 가장 놀랐을 이세돌 9단은 아주 차분한 모습이었다. 알파고의 수법을 인정하고 진지하게 받아들이고 있던 것이다. 물론 이세돌 9단도 그 대목에서 이 바둑의 최고 장고 시간인 15분을 사용해야 했다.

그리고 선택한 38수와 40수. 이세돌 9단은 대국 후 〈3도〉의 그림을 그려보다가 좋은 싸움이 아니라고 판단했다고 했다. 거기에 대해서는 공감을 했지만, 나는 〈4도〉의 그림을 주장했다. 선수를 잡아 하변의 어깨를 짚는 것이 상당히 매력적으로 느껴졌기 때문이다. 물론 〈5도〉의 그림처럼 2를 선수로 교환한 뒤 실전처럼 두어갈 수도 있을 것이다. 그렇다면 과연 37수의 교환이 이득인 것인가? 아직도 정의를 내릴 수 없다. 이세돌 9단은 〈6도〉의 진행을 선택해야 했다고 말했다. 상당히 일리가 있는 부분이었다. 실전의 진행보다 활발한 모습이다.

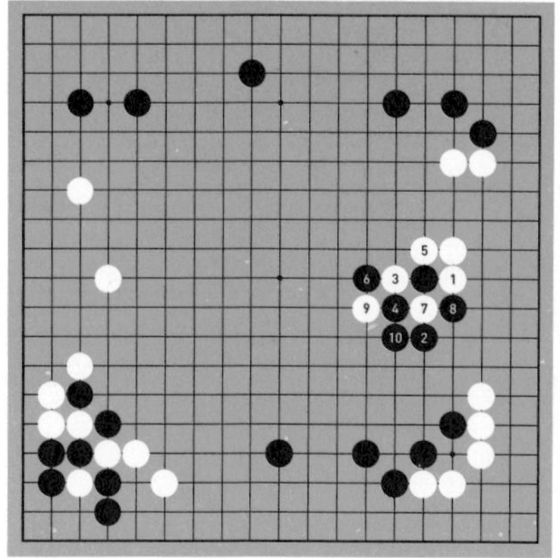

〈3도〉: 흑이 유리한 전투

〈4도〉: 매력적인 자리

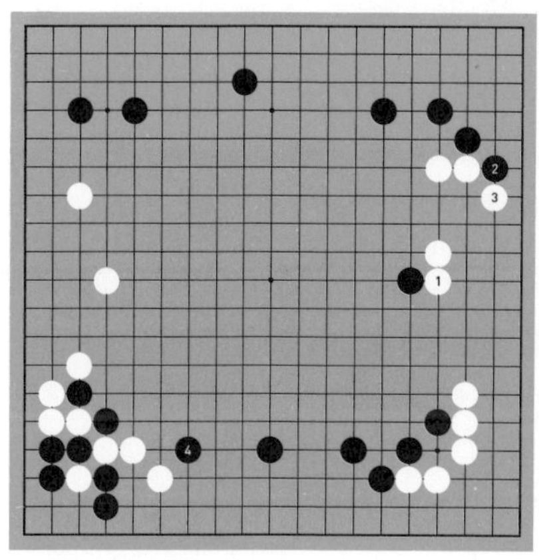

〈5도〉: 활용일까?

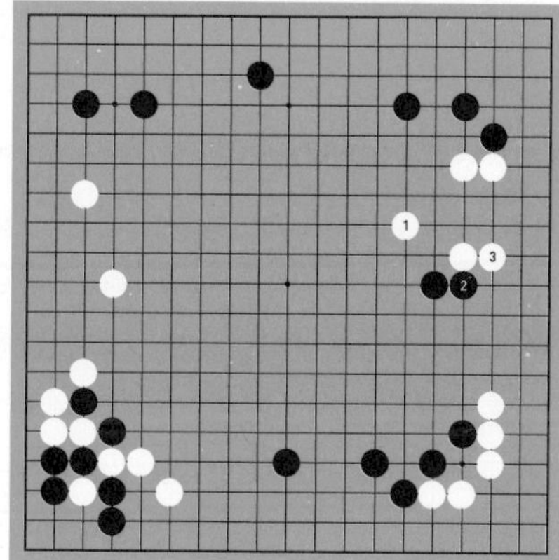

〈6도〉: 가볍게 비껴 두다

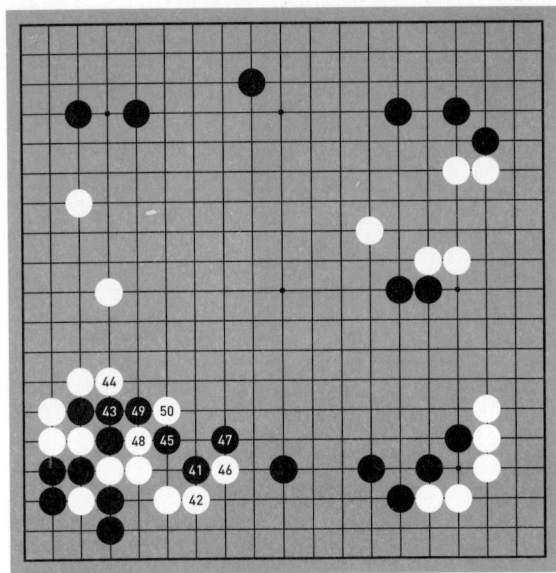

알파고는 41수로 재차 압박을 가했다. 분명 흑번일 때 적극적인 모습을 보여주고 있었다. 그리고 이 부분에서 가장 아쉬운 장면이 등장한다. 실전의 진행은 얼핏 봤을 때 백이 기분이 좋아 보였다. 그 당시 나 역시 그렇다고 생각을 했다. 하지만 복기 때 이세돌 9단은 기분이 좋아 보였던 바로 이곳에 패인이 있었다고 말했다.

〈7도〉를 보자. 48수로는 일단 1로 단수 치는 것이 좋았다고 했다. 쉽사리 떠오르지 않는 수였다. 보통 단수 교환이란 아끼기 마련인데 그것도 우형의 형태를 취하면서 그곳을 두어야 했다고 말하는 것이었다. 흑이 2로 강하게 저항하는 것은 좌하귀의 팻감을 활용하여 재밌는 진행이 된다.

〈8도〉처럼 2로 이은 후 4까지 모두 살리려 하면 흑돌들이 일명 포도송이가 되면서 괴로움을 면치 못하게 된다. 그렇다면 이후에는 찬스가 없었을까? 아니다. 50으로 끊은 수 역시 〈9도〉처럼 단수를 쳐야 했다. 7까지 백돌들은 무난하게 탈출에 성공할 수 있다. 만약 흑이 〈10도〉처럼 최강으로 버틴다면 17의 급소를 당하면서 대마가 살아가기 어렵다. 이세돌 9단은 앞으로 많은 진행이 되었지만 이 바둑을 이길 유일한 찬스는 바로

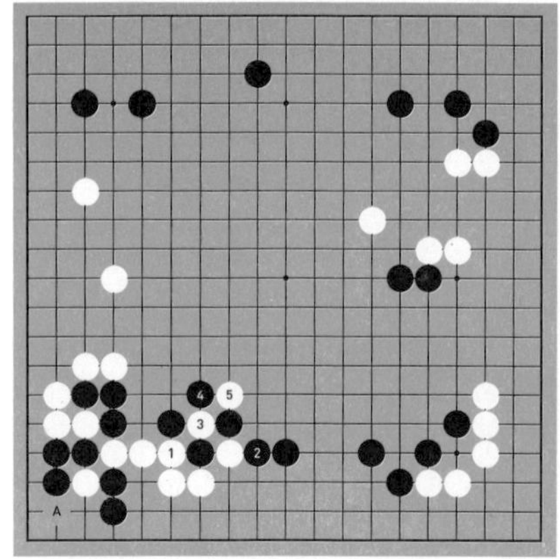

〈7도〉 : 이세돌 9단의 후회

〈8도〉 : 곤란한 흑

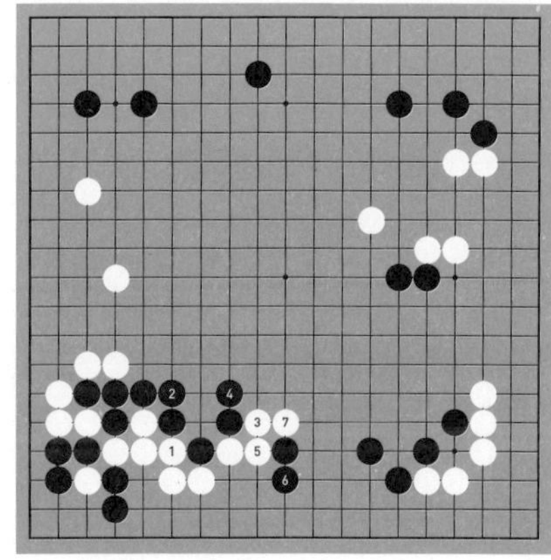

〈9도〉 : 찬스를 놓치다

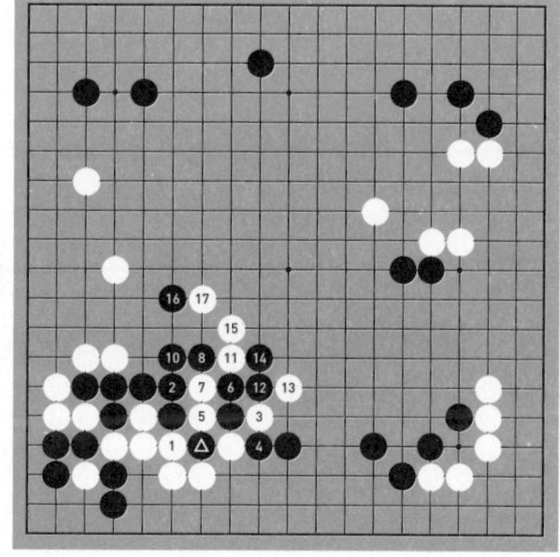

〈10도〉 : 흑의 무리

9 ······ △

이 장면에 있었다고 말을 했다. 나는 인정하기 어려웠다. 아직 바둑판 위에 많은 자리가 남아 있고 충분히 역전할 여지가 살아 있는데 이 후에는 찬스가 없었다니 믿기지 않았다. 그래서인지 더더욱 깊은 수읽기를 하며 파고들고 싶어졌다.

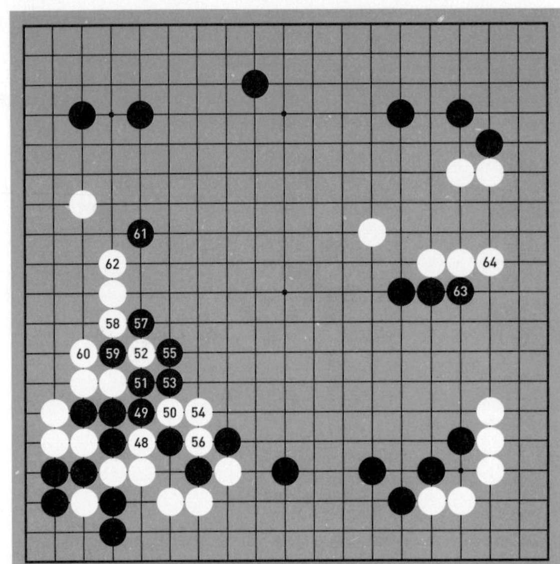

수순이 이어지고 어느 정도 정리가 되고 나서 61수가 반상 위에 떨어졌다. 멋진 수였다. 물론 예상에 있던 수이기도 했지만 막상 알파고가 두어오니 정곡을 찔린 느낌이 들었다. 선수로 흑의 안위에 도움을 주고 큰 곳인 우변으로 알파고는 손을 돌렸다.

여기서 등장하는 이세돌 9단의 64수. 나는 이 바둑에서 가장 아쉬움이 남는 수로 지목하고 싶다. 〈11도〉의 그림처럼 특공대를 투입했으면 어땠을까 하는 생각이 든다. 실전의 진행은 상변에 흑의 보가가 형성되면서 집 균형이 알파고에게 기울었는데 그 진행을 방해하기 위해서는 그 때가 유일한 타이밍이었다.

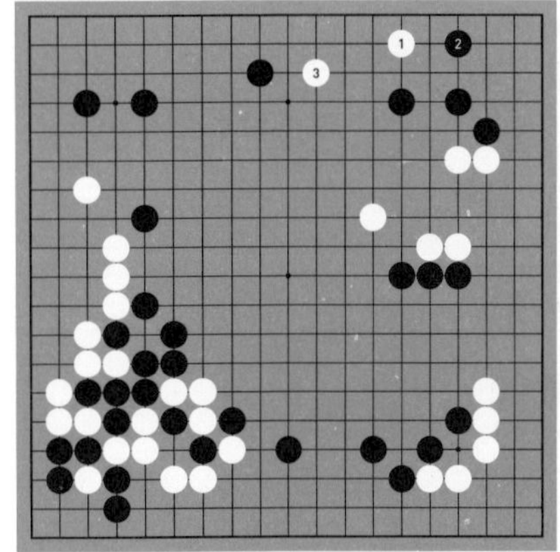

〈11도〉: 특공대 투입

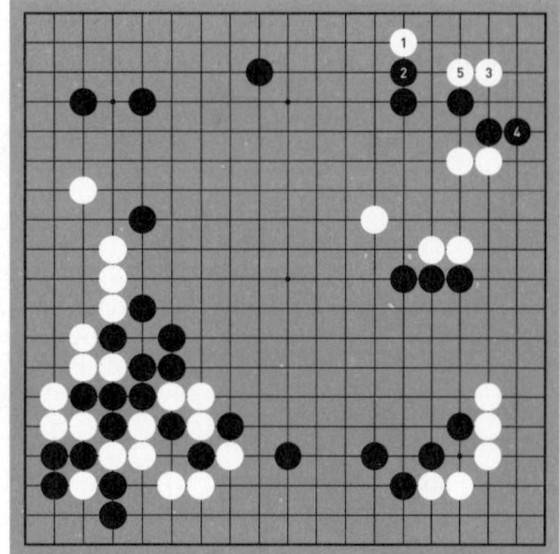

〈12도〉: 귀의 주인이 바뀜

〈12도〉로 치받아 간다면, 흔히 우리가 3, 5의 수순을 보여주며 흑의 진영을 파괴했더라면 반전을 꾀할 수 있었을 것이다. 물론 64수는 자신의 안위를 신경 쓴 안정적인 수법이었지만 여기서는 살을 주고 뼈를 취해야 했던 것이다.

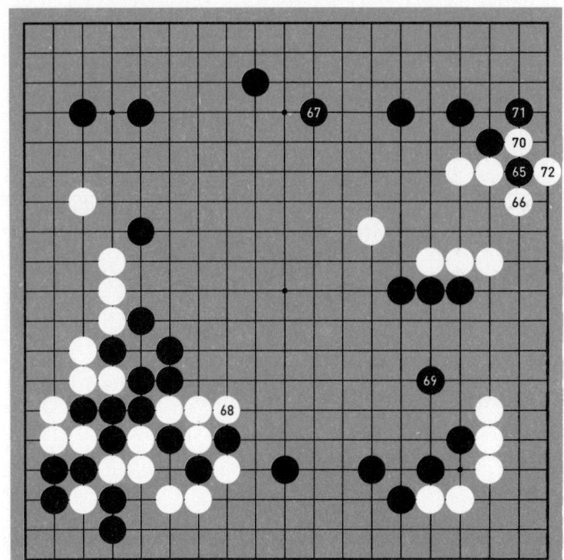

67수가 떨어지자 싸늘한 기운이 엄습했다. 흑의 진영은 탄탄하게 지켜졌고 변수를 구할 곳이 마땅히 보이지 않았던 것이다. 백의 집은 40집 정도 형성되어 있는데 상변의 흑 집을 모두 허용한다면 흑은 55집 가까이 형성된다. 한 마디로 실리 부족으로 이세돌 9단은 급해질 수밖에 없었다. 〈13도〉의 그림을 본다면 중앙 흑돌들을 쫓아내고 상변 침투를 시도할 수 있는데 6으로 이어가는 자리가 워낙 크기 때문에 여전히 집이 부족하다.

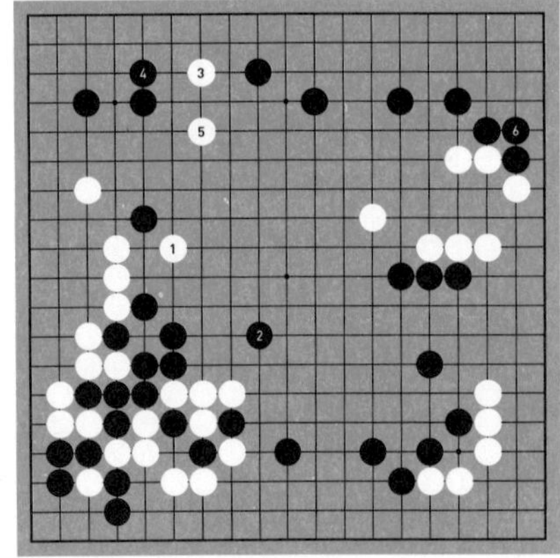

〈13도〉: 흑의 실리가 돋보임

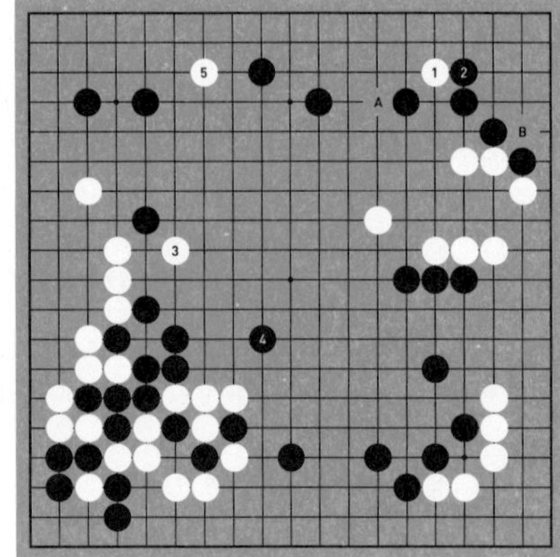

〈14도〉: 절묘한 응수 타진

그래서인지 이세돌 9단은 70수를 선택했는데 대다수의 프로 기사들이 너무 안정적인 수법이었다고 말했다. 초일류 기사 반열에 들어가 있는 박영훈 9단은 '70이 패착'이라고 말하며 〈14도〉의 1을 두었어야 했다고 했다. 2로 받는다면 A와 B의 자리가 맞보기로 남아 있어 흑이 큰 집을 형성하기 어려웠다고 한다. 우상귀에 맛을 남겨 놓은 채 5의 자리로 침투해 들어갔더라면 반전을 노릴 수 있지 않았을까 하는 생각이었다.

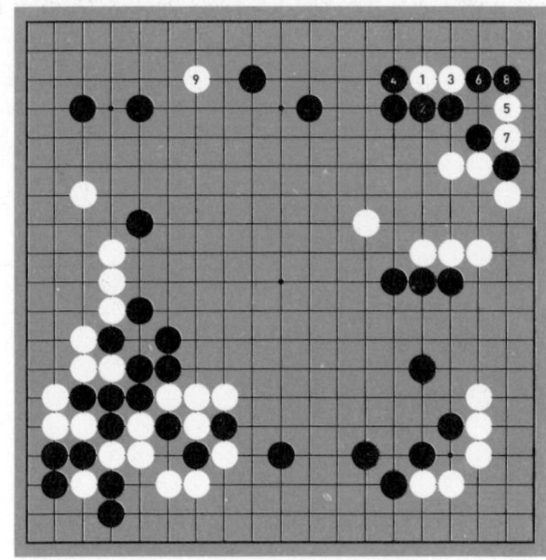

〈15도〉: 선수로 이득을 보다

〈15도〉의 그림을 보자. 흑이 2로 받는다면 5와 7의 수법을 두어 선수로 이득을 본 뒤 다시 9의 자리로 침투해 흑의 진영을 삭감하는 방법이 있었던 것이다. 만약에 흑이 백을 잡으러 가기 위해 최강으로 두어간다면 아마도 〈16도〉의 진행이 되지 않을까 생각한다. 수순이 길지만 결국은 백을 잡으러 간 흑이 역습을 맞으며 곤란한 상황을 맞이한다. 물론 〈16도〉의 그림을 제외한다면 역전에 이르는 성과를 올리는 것은 아니다. 하지만 조금 더 추격하는 것이 가능했고 알파고를 흔들어볼 수 있었을 것이다.

한 판의 바둑을 두고 나면 프로들도 아쉬운 순간이 상당히 많이 남는다. 그렇기 때문에 복기를 통해 그 아쉬움을 달래고 다음 대국에서는 같은 실수를 하지 않기 위해 노력하는 것이다. 이세돌 9단이 가장 아쉬워했던 곳은 좌측 하단인 좌하귀 부근이었고 나는 결국 알파고의 보가가 된 상변에서의 변화가 가장 아쉬웠다. 또 다른 프로들은 우상귀에서의 변화를 놓친 것을 아쉬워했다.

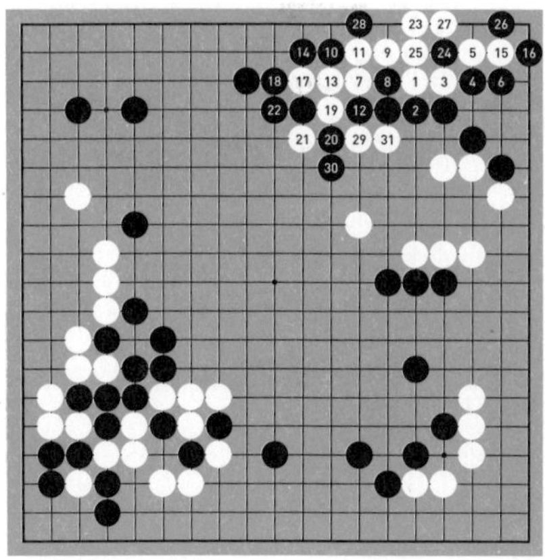

〈16도〉 : 흑 무리

자신의 시합은 아니었지만 이세돌 9단의 패배를 모두가 아쉬워했고 또 승리할 수 있는 길이 없었을까 찾고 또 찾았다. 매번 홀로 싸우고 있는 이세돌 9단을 지켜본 우리나라의 국민뿐만 아니라 세계 각지에서도 응원 메시지가 이어졌다. 그렇다. 어느 순간부터 이세돌 9단은 혼자 싸우는 것이 아니라 우리 모두와 함께 싸웠던 것이다. 선수들에게 이러한 관심과 응원은 엄청난 힘이 된다. 그것은 인간의 잠재능력을 뽑아내기에 충분하고 인간의 한계까지도 넘어서게 만들어준다.

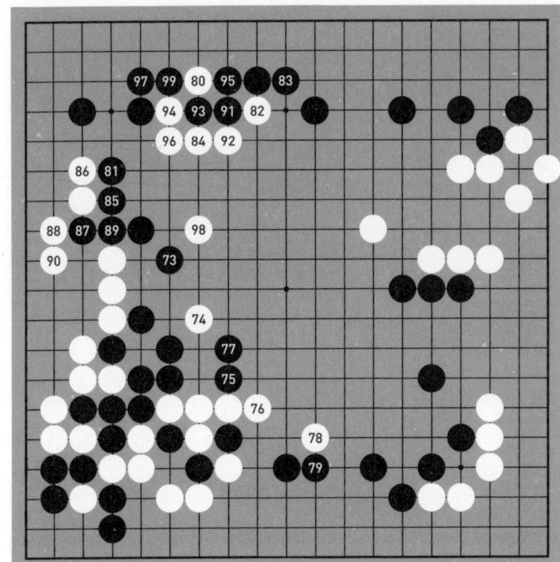

이세돌 9단도 탄력을 구하며 타개를 시도했다. 알파고는 자신의 모양을 최대한 단단하게 만들어두고 91로 젖혀가며 백돌을 압박해 나갔다. 정말 피 한 방울 나오지 않는 수법이었다. 이때 다시 한 번 아쉬운 장면이 등장한다.

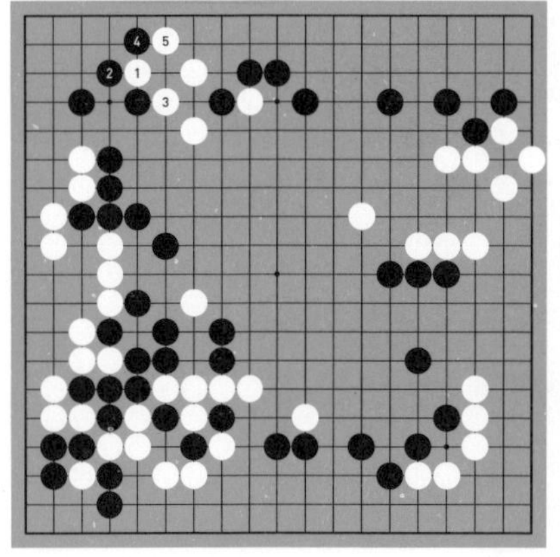

〈17도〉: 패로 승부를 걸다

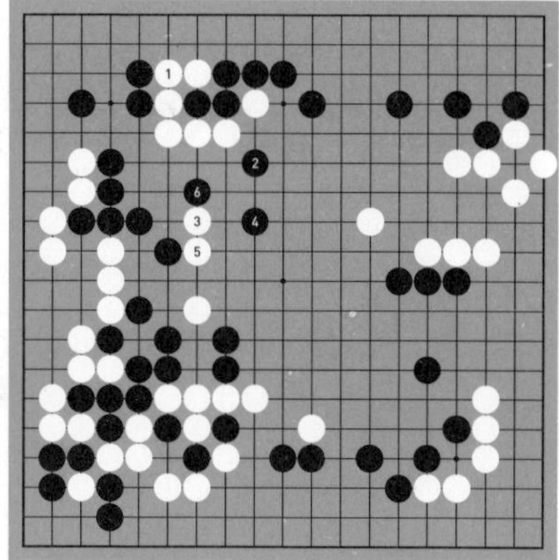

〈18도〉: 백 대마 위험

92수는 〈17도〉처럼 버텨갔으면 조금이라도 복잡한 진행이 되었을 것이다. 99수로 잡힌 한 점이 너무나 커 보였다. 98수로 백 한 점을 살릴 수 없었을까? 만약에 살릴 수만 있다면 영화 '라이언 일병 구하기'가 떠올랐을 것이다. 〈18도〉를 보면 알 수 있다. 아쉽게 탈출에 실패하면서 바둑은 여기서 끝나게 된다.

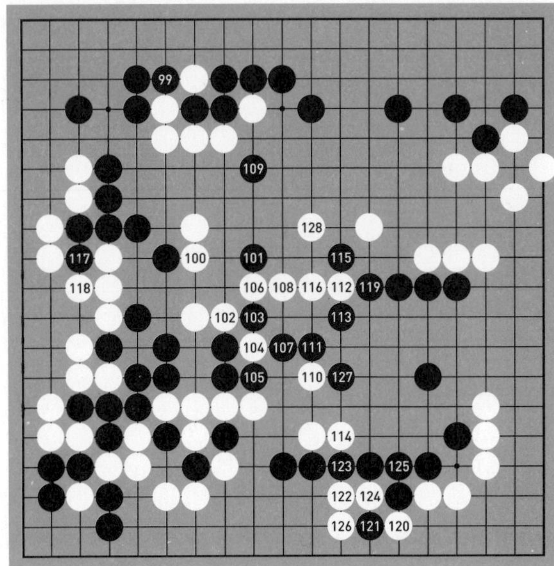

그리고 지금 장면에서는 100의 자리가 기분이 좋기 때문에 이세돌 9단은 충분히 추격할 수 있을 것이라 생각했을 것이다. 백 모양은 힘차 보였고 반대로 흑의 연결고리는 확실하지 않았다. 그러던 순간 등장하는 101수. 소름 돋는 수였다. 단언컨대 이 바둑을 알파고의 승리로 이끈 승착이었다. 강해 보였던 백돌들이 순간 약하게 느껴졌고 반대로 약해 보이던 흑 돌들이 살아 숨 쉬게 되었다.

38수에 이은 이세돌 9단의 장고가 다시 시작되었다. 검토하고 있던 나는 대책을 찾기 위해 집중을 했다. 101수에 대한 해법을 찾아야 했다. 그렇지만 시간이 지나도 그 해답은 보이지 않았다. 이세돌 9단도 5분 정도의 시간을 투자한 뒤 102수를 선택했지만 흑 돌은 백 한 점을 잡고 탈출했고, 오히려 109수를 두며 백의 급소를 노리고 있었다.

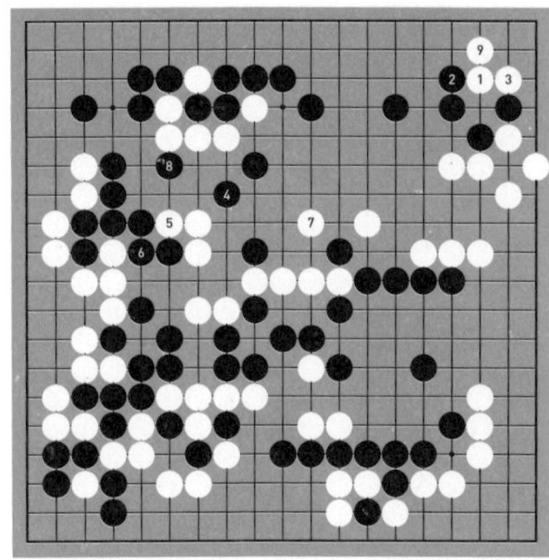

〈19도〉: 마지막 버팀을 놓치다

이세돌 9단은 최선을 다했다. 정말 힘겨운 싸움이었지만 포기하지 않았다. 120수부터 흑 돌을 압박하여 이득을 보았고 실낱같은 희망을 이어가고 있었다. 알파고는 127을 두며 승리를 선언하고 있었다. 안전하고 확실한 수였다. 이세돌 9단도 128로 백 대마를 돌보며 장기전을 선언했는데 마지막 승부수를 놓친 수였다.

〈19도〉의 진행처럼 반상 최대의 자리인 우상귀를 침투해 집을 뺏어왔어야 했다. 물론 상중앙의 백 대마 전체가 위태위태한 상황이었지만 그것을 돌보기에는 상황이 여의치 않았던 것이다. 대국 후 복기를 통해 이세돌 9단에게 이 의견을 제시했고 이세돌 9단도 여러 가지 연구 끝에 수긍을 했다. 물론 그렇다고 해도 역전까지 이르지는 못하지만 어느 정도 추격은 가능했던 것이다. 실전에 백 5점이 크게 들어간 진행보다는 확실히 이득이었다.

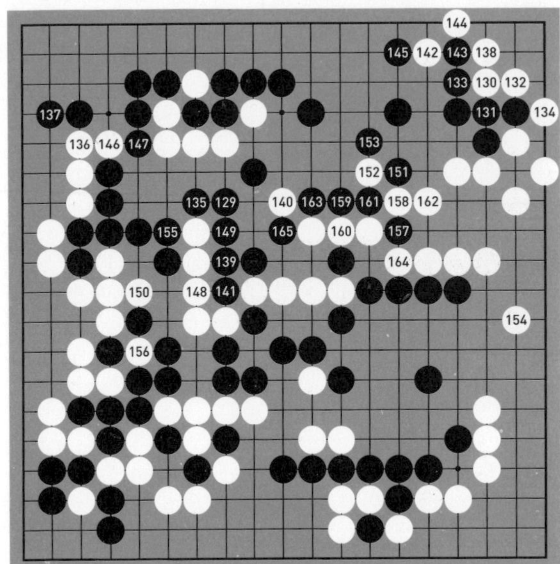

"이런들 어떠하며 저런들 어떠하리." 알파고 입장에서는 이렇게 두어도 이기고 저렇게 두어도 이기는 상황이 되었다. 그러나 우리는 달랐다. 1%라도 이길 확률이 높아지는 수가 있다면 그런 수를 찾고 또 찾는다. 언제나 결과와 상관없이 최선의 수를 찾는 것이 바둑기사들의 사명이다. 그리고 프로가 되기 위해 공부하는 모든 사람들의 공통점이기도 하다. 135수가 두어지고 난 뒤 알파고의 마무리는 깔끔하면서 완벽했다. 조금의 빈틈도 허용하지 않겠다는 의지가 느껴졌고 한편으로는 알파고의 여유로운 손길마저 느껴졌다. 혹시나 하는 기대감으로 알파고의 실수를 기다렸지만 알파고는 점점 더 견고해져만 갔다. 165수가 떨어지면서 오히려 차이가 벌어졌다. 아마 이 장면에서 이세돌 9단은 돌을 거두지 않을까 생각했는데 이세돌 9단은 당연히 받아야 할 중앙을 받지 않고 우상귀 선수교환을 먼저 시도했다. 아무래도 알파고와의 대화를 조금 더 하고 싶었던 것 같다.

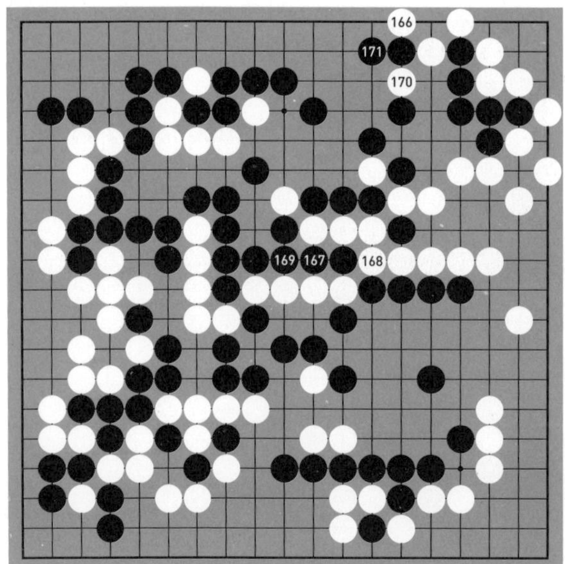

그런데 이게 무슨 일인가? 나와 이 바둑을 해설하는 모든 해설자들이 경악할 만한 알파고의 수가 등장한다. 바로 167수이다. 끝났다고 생각하고 있던 순간 알파고는 변수를 만들었다. 안전하게 두어갔던 알파고가 마지막에 엄청난 모험을 시도한 것이다. 이세돌 9단의 눈빛도 순간 날카로워졌다. 자세를 고쳐 잡고 집중했는데 계산과 수읽기를 동시에 하기엔 1분 초읽기에 몰린 것이 야속했다. 알파고 역시 유일하게 초읽기에 몰린 대국이 2국이었는데 이 시점에서 초읽기에 들어갔던 것 같다.

이세돌 9단은 우선 시간을 벌어가며 170수를 선택했다. 여기까지는 당연한 선택이었는데 패싸움을 시도할지 흑 6점을 잡고 만족할지 선택의 기로에서 흑 6점을 잡는 쪽으로 가닥을 잡았다. 아무래도 정확한 계산을 하기에는 시간이 부족했고 선수는 내어주었지만 7집의 이득을 보았으니 추격을 했다는 생각을 했던 모양이다.

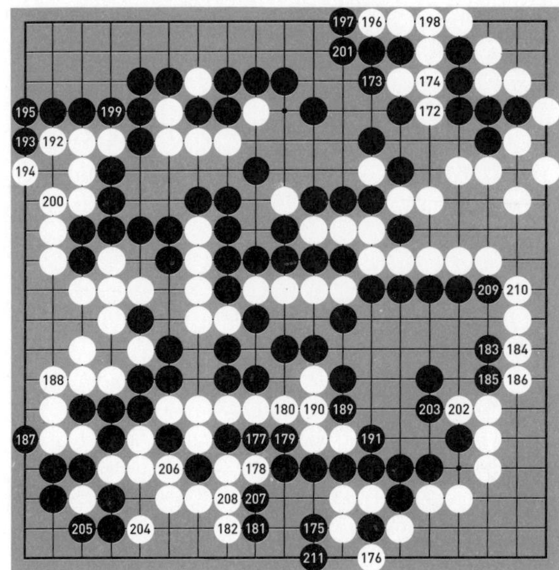

결과적으로 172수로 인해 마지막 변수는 사라지게 되었다. 만약 〈20도〉의 그림처럼 패를 걸어갔더라면 어땠을까? 결론부터 말하자면 승부는 뒤집히지 않는다. 조금 더 다이내믹한 순간을 맞이하겠지만 흑은 만패불청*을 하게 되고 1과 2의 교환을 통해 덩치를 불린 흑 4점을 잡더라도 역전이 되지 않는다. 그저 알파고가 선물한 마지막 스릴러에 불가한 것이다. 물론 172수에 대한 논란은 많았지만 비판을 하기엔 의미가 없는 상황이었다.

만패불청(萬覇不聽) : 바둑에서 큰 패(覇)가 생겼을 때 상대가 어떠한 패를 써도 듣지 않음을 뜻함. 아무리 집적거려도 못 들은 체하고 고집을 꺾지 않는 것을 비유적으로 나타내기도 함.

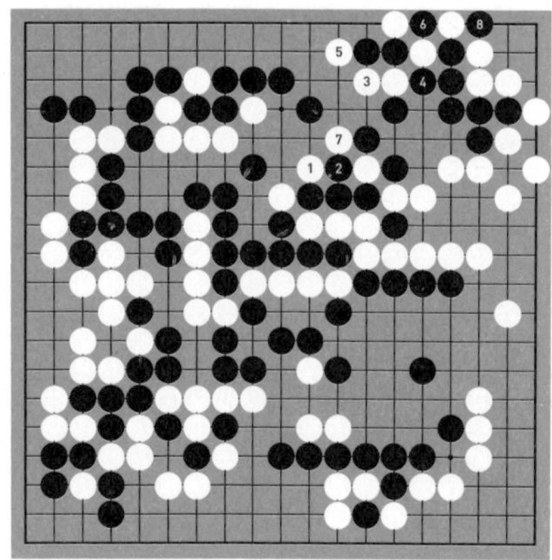

〈20도〉: 만패불청

이후 더 이상의 스릴러는 없었고 평온한 마무리 과정이 이어졌다. 결국 211수가 놓이자 이세돌 9단은 항복을 선언했다. 알파고는 초읽기 2회, 이세돌 9단은 마지막 초읽기만을 남겨놓은 상황이었다.

2국이 끝나고 나서

대국이 끝나자 나는 대국장으로 들어갔다. 이세돌 9단의 패배는 정말 뼈아 팠지만 그나마 힘든 순간에 함께할 수 있다는 것으로 위안 삼았다. 1국 패배 후 혼자 복기를 하며 괴로워했던 장면이 마음에 남았던 것이다. 우리는 이런저 런 의견을 주고받았고, 자리를 박차고 나가고 싶을 만큼 패배가 쓰라렸을 테지 만 이세돌 9단 역시 차분히 자신의 패인을 찾았다. 그렇다. 이세돌 9단은 언제 나 가장 소중한 것은 복기라고 생각한다. 오히려 대국 한 시간보다 복기를 하는 시간이 더욱 길 때가 많다. 그러나 심혈을 기울여 복기를 하기엔 시간이 촉박했 다. 곧 기자회견장에 가야 했기 때문이다. 아쉬움을 뒤로한 채 이세돌 9단은 자 리에서 일어날 수밖에 없었고 비통한 심정으로 기자회견장으로 이동했다.

사실 기자회견장에서 반드시 인터뷰를 해야 한다는 조항은 계약서에 없었 다. 그렇지만 이세돌 9단은 날카로운 칼날에 베인 몸과 마음을 이끌고 자신이 해야 할 역할을 이행했다. 진정한 프로의 모습을 보여준 것이다. 그런데 갑자 기 중국 기자의 엉뚱한 질문이 나왔다.

"구글과 패 싸움을 하지 않는다는 계약이 있었습니까?"

예의 없는 질문에 이세돌 9단은 당혹스러웠을 것이다. 신성한 승부, 역사적인 대결을 하고 있는 이 상황에서, 더군다나 온몸이 상처투성인 이세돌 9단에게 그런 모욕적인 질문을 하다니. 가서 멱살을 잡고 싶었다. 중국에서는 저런 저급한 질문들이 자주 나오는지는 모르겠지만 적어도 한국에서는 용납될 수 없는 질문이었다.

아무래도 마지막에 패를 걸어가지 않은 것 때문이라고 추측은 할 수 있지만, 그렇더라도 질문은 적어도 이런 식이어야 했다. "마지막에 패를 걸어가지 않은 것은 정확한 형세 판단이 되지 않았기 때문입니까?" 내가 이렇게 분개할 정도인데 당사자는 오죽했겠는가. 하지만 이세돌 9단은 현명하게 다른 질문에 대답하는 것으로 마무리를 지었고, 자칫 잘못하면 한중간에 벌어질 '감정싸움'을 피할 수 있었다.

기자회견이 끝나고 열을 식히고 있었는데 이다혜 4단에게서 전화가 왔다.

"세돌이 오빠 힘들 텐데 우리가 뭐라도 해야 하는 거 아니야?"

나중에 자세한 상황을 들어보니 형수님(이세돌 9단의 아내)께서 호출을 했다고 한다. 역시 여자들은 섬세하다. 나는 열에 받쳐 있는 그 순간에도 다음 수순을 생각하고 있었다. 나는 이다혜 4단과 현장 공개해설 진행을 맡았던 박정상 9단의 아내 여원이와 함께 호텔 방을 찾았다.

본격적으로 복기를 하기 전 저녁을 먹기 위해 룸서비스를 시키기로 했다. 형수님이 일단 시장기부터 잠재우고 시작하자고 했다.

"다들 뭐 먹을래?"

이세돌 9단은 식욕은 그다지 없는 듯했다.

"아무거나 괜찮아."

나 역시 룸서비스 되는 거라면 아무거나 상관없다고 말했다. 그러자 형수님이 상황을 간단히 정리했다.

"그럼 육개장으로 통일할게."

이때 갑자기 이세돌 9단이 제동을 걸었다.

"잠깐만. 그럼 나는 돌솥비빔밥으로 시켜줘."

평소 남들과 비슷한 바둑을 두는 것을 싫어하는 이세돌 9단의 성향이 식사 주문에서도 나타난 것이다. 여러 번 느끼는 것이지만 이세돌 9단은 항상 모든 문제를 다른 시각에서 바라본다. 창의적 바둑은 그냥 나오는 것이 아니라 끊임없이 새로운 시각으로 상황을 분석하고 예측하는 데서 비롯된 것이다. 남들이 모두 '예스'라고 말할 때 혼자 '노'라고 외치는 스타일이 바로 이세돌 9단이다. 당시에는 의외라고 느끼지만 나중에 생각해보면 이세돌 9단의 선택이 맞았던 적이 많았다.

이스라엘에는 회의를 할 때 이런 룰이 있다고 한다. 어떤 안건에 대해 7명 중 6명이 찬성 발언을 했다면 마지막 사람은 무조건 반대 의견을 제시해야 한다는 것이다. 실제로 7번째 사람이 찬성이라고 생각하더라도 말이다. 그런데 이런 원칙이 고정관념을 깨고 모두가 생각지도 못한 묘수를 낳는다.

예를 들어 백 만 원이 든 가방과 천 만 원이 든 가방이 눈앞에 있다고 하자. 그렇다면 당신은 어떤 가방을 들고 갈 것인가? 당연히 모두 천 만 원이 든 가방을 들고 간다고 말할 것이다. 그런데 모두 천 만 원이 든 가방을 들고 가겠다고 할 때 마지막 사람은 백 만 원이 든 가방을 들어야 한다는 논리를 펼쳐야 한다. 그래야만 하는 조건이나 이유가 혹시 있지는 않을까? 만약 뒤에서 강도가 지켜보고 있고 각각의 가방에 돈이 얼마나 들어 있는지 안다고 해도 천 만 원이 든 가방을 들고 갈 수 있겠는가?

이런 방법의 회의는 언제나 고정관념의 틀을 깨준다. 설령 마지막 사람이 말도 안 되는 논리를 펼치더라도 대세에는 지장이 없다. 다만 소수 의견으로서 가치가 있을 뿐이다. 다수와는 다른 소수의견이나 소신 발언은 그것의 옳고 그름을 떠나 그 자체로 가치가 있다. 그러나 때로는 불합리해 보이는 생각이 새로운 해법의 실마리가 되기도 한다. 역사상 위대한 발명품은 모두 그렇게 탄생했다. 전구를 만든 에디슨도, 비행기를 하늘로 띄운 라이트 형제도 모두 불가능하다는 다수의 생각을 극복하고 인류의 생활을 바꿨다. 천재들은 고정관념을 가장 멀리하고 새로운 것을 두려워하지 않는다.

얼마 뒤 KBS 방송을 마치고 돌아온 박정상 9단과 만나기가 연예인보다 힘들다는 해원이 누나도 합류했다. 우리는 심도 깊게 한 수 한 수 의미를 찾았고 1국과 2국의 패인을 찾을 수 있었다. 하지만 문제는 알파고의 뚜렷한 약점이 없다는 것이었다. 1국과 2국 모두 '이렇게 두었으면 이겼을 것'이라고 할 만한 장면이 없었다. 깊게 파고들면 파고들수록 알파고의 수법은 섬세하고 빈틈이 없었다. 물론 1국에서는 버그성의 수법도 나왔지만 2국에서는 초반 이후 알파고가 완벽하게 운영을 했다. 우리는 알파고의 약점을 찾고 싶었지만 쉽지 않았고 더 나은 수를 궁리하는 데도 한계에 부딪혔다.

우선 2시간이라는 생각 시간은 알파고에게 최적화되어 있지 않을까 하는 의구심이 들었다. 그렇기 때문에 초반에 패 싸움을 통해 알파고의 시간을 소모시키고 바둑판이 정리되기 전 초읽기 싸움으로 몰고 가야 한다는 생각을 했다. 참고로 패 싸움을 하게 되면 수순이 길어져 착수는 많이 하지만 실제로 사석으로 많이 가기 때문에 바둑판 위에 놓인 돌은 실제로 착수한 수보다 적다. 알파고는 평균 30초에서 2분 정도의 탐색시간을 갖는다. 그런 알파고가 탐색 공간이 많은 상황에서 만약 1분 초읽기에 몰린다면? 어쩌면 약점을 보일 수도 있다는 생각에 패 싸움 아이디어가 떠올랐던 것이다. 그리고 미세하지만 알파고가 패 싸움을 피하는 움직임을 보였다고 느꼈고, 나는 그곳에서 해법을 찾아야 한다고 생각했다.

하지만 이세돌 9단의 생각은 달랐다.

"그건 아닌 것 같아. 나의 바둑을 둘게."

'자신의 바둑.' 이세돌 9단이 생각하기에 최선의 선택이자 알파고를 이길 수 있는 유일한 길은 자신의 수법을 고수하는 것이었다. 나 역시 알파고의 약점을 찾는 것보다 자신의 바둑을 100% 둘 수 있는 것이 더욱 중요하다는 데 동의했다.

우리는 기분을 전환하기 위해 맥주를 한 캔씩 든 채 옛 추억거리를 하나씩 꺼내들기 시작했다. 그 자리에서 꺼내지는 않았지만, 내게 가장 기억에 남는 순간은 내기 바둑을 두던 일이었다. 2003년 가을 즈음, 5~6명의 동료 기사들과 저녁을 먹고 바둑을 두기 위해 다 같이 연구실로 돌아왔다. 무료하던 차에 팀 대항전을 했는데 그 당시에는 한 집에 백 원 내기를 많이 했다. 그러니까 덤을 제외하고 10집을 이기면 천 원을 따는 것이다. 예전 동네 기원을 다닐 때 방 내기 바둑을 종종 했는데 우리는 한 집이라도 소중하게 여기며 두자는 의미로 집 내기 바둑을 뒀다. 그리고 팀 대항전이기 때문에 모든 판을 합산해서 계산을 했다.

이런 팀 대항전에서 두 명의 에이스가 있었다. 이세돌 9단과 입단 동기인 조한승 9단이다. 승리는 물론이고 종종 대마 포획을 했기 때문에 공포의 대상이기도 했다. 바둑은 시작되었고 분위기는 서서히 고조되었다. 어느 덧 막차시간이 되었는데 아무도 집에 가려는 생각을 하지 않았다. 그만큼 바둑 두는 것이 즐거웠고 더욱 승부욕도 불타올랐다. 바둑을 두고 또 두고 다시 또 두었다. 우리가 자리에서 일어났을 때는 이미 날이 밝은 뒤였다.

이세돌 9단과 함께한 기억 중 대부분은 밤을 지새웠던 일들이다. 무엇을 하든지 집중력과 체력이 워낙 좋아서 중간에 멈추는 법이 없다. 한 마디로 뿌리를 뽑을 때까지 해야 직성이 풀리는 스타일이었다.

이런 저런 이야기를 나누다 화제가 TV드라마로 바뀌었다. 평소에 나는 드라마를 좋아하지만 중독성이 너무 강해 보는 것을 피하는 편이다. 사실 TV 자체를 잘 보지 않는다. 그런데 이세돌 9단은 나의 생각과는 달리 모르는 드라마가 없었다. 드라마의 제목을 말하면 주인공이 누구인지 스토리가 어떻게 되는지 술술 나오는 것이었다. 잘 알지 못할 것 같은 드라마 제목만 이야기해도 이세돌 9단은 드라마에 대한 것들을 술술 풀어냈다. 예전에는 이세돌 9단이 무협지를 많이 읽는다고 생각했었는데 어느새 취미가 하나 더 늘어난 모양이다.

드라마 이야기뿐만 아니라 결혼 10주년을 맞이해서 이세돌 9단으로부터 10개의 선물을 받았다는 형수님의 자랑, 박정상 9단과 이세돌 9단이 세계대회를 함께 나갔을 때 이야기 등으로 시간 가는 줄 몰랐다. 밤은 점점 깊어가고 우리는 다시 복기를 시작했다. 문득 이세돌 9단의 머릿속을 스쳐지나간 수가 있었기 때문이다. 다른 화제로 이야기하는 와중에도 머릿속의 바둑판은 치워지지 않았던 것이다.

박정상 9단과 함께 우리 세 명은 연구를 거듭했고 새벽은 깊어만 갔다. 그리고 난 어느새 졸고 있었다. 평소 밤을 새우며 무언가를 할 일이 없었기 때문에 나의 바이오리듬으로는 새벽을 견디기 힘들었던 것이다. 하지만 이세돌 9단과 박정상 9단의 눈빛은 더욱 선명하게 빛나고 있었다. 어느 덧 6시가 넘어갔고 우리는 호텔방을 나서게 되었다. 우리를 배웅하며 이세돌 9단은 마지막 한 마디를 건넸다.

"끝나고 한 잔 하자."

제3국

드디어 알파고의 약점을 찾다

GOOGLE DEEPMIND CHALENGE MATCH 3rd

2016. 03. 12

○ 이세돌

● 알파고

| 176수 끝, 백불계승 |

하루의 휴식이
어떤 영향을 미칠까?

2국이 끝나고 하루 휴식일이 있었다. 세계대회 결승전이 벌어질 때도 이와 같이 휴식일이 있는데, 이것은 선수들의 체력 및 정신력의 회복에 큰 도움이 된다. 무엇보다도 이번 대결처럼 일방적으로 몰리고 있을 때는 마인드 컨트롤이 필요하다. 이세돌 9단이 2001년 제5회 LG배 세계기왕전에서 처음으로 결승전에 진출했는데, 상대는 돌부처라는 별명으로 불리며 전무후무한 무적의 위용을 뽐내고 있던 한국 바둑의 영웅 이창호 9단이었다. 당시에 이창호 9단은 한 번이라도 진다면 큰 뉴스거리가 될 정도였는데, 결승전에서 1, 2국을 모두 이세돌 9단이 이기면서 큰 화제가 되었다. 이세돌 9단의 기세가 하늘을 찌를듯해 이창호 9단을 이길지도 모른다는 말들이 나오고 있었다. 재미있는 것은 이창호 9단의 포스가 얼마나 대단한지 2 : 0의 상황에서도 이창호 9단의 승리에 베팅하는 기사들도 꽤 있었다는 점이다.

마치 이제야 5대 5 승부가 되었다는 듯한 분위기도 없지는 않았다. 하지만 5판 3선승제에서 2승을 먼저 거둔 쪽이 절대적으로 유리한 고지에 섰다는 점은 누구도 부정할 수 없었다.

하지만 결승 2국이 끝나고 주어진 몇 달간의 공백이 문제였다. 그 시간은 이창호 9단이 마인드 컨트롤을 하기에 충분했고 반대로 이세돌 9단의 기세를 누그러뜨렸다. 그래서인지 결국은 2연승 후 3연패를 당하며 이세돌 9단이 뼈 아픈 역전패를 당하게 된 것이다. 물론 그로부터 2년 뒤 리턴매치는 성사되었고 이세돌 9단은 이창호 9단을 상대로 결국 승리를 쟁취했다. 슬럼프에 빠져도 이상하지 않을 만큼의 아픈 패배를 당했지만 당당하게 극복해낸 것이다.

인공지능과 인간의 다른 점은 여기서 드러난다. 인간은 흔히 말하는 '기세'를 탄다. 기세를 탄다면 자신감이 생기고 자신감은 자신의 평소 기량보다 더 좋은 모습을 이끌어낸다. 반대로 질 때의 아픔은 심리적인 타격을 입히고 그것이 심해지면 슬럼프에 빠져들게 된다. 그러나 인공지능에게는 이런 심리적인 작용이 일어나지 않는다. 그것이 인공지능의 강점이겠지만 뜨거운 심장이 없는 만큼 기적을 만들어내지는 못하지 않을까? 비록 알파고에게 1, 2국을 내어줬지만 이창호 9단이 휴식기 동안 정비를 해 역전을 이끌어낸 만큼 이세돌 9단도 2연패 후 3연승의 기적을 만들어내길 기대했다. 3국은 예정대로 바둑TV에서 이희성 9단과 이소용 캐스터와 함께 해설을 하게 되었다.

그런데 어찌 된 일인지 평소처럼 방송을 할 수 없을 것만 같은 기분이 들었다. 나는 방송보다는 연구를 하고 싶었던 것이다. 그래서 PD님에게 말씀드렸다.

"오늘 방송은 연구하듯이 하겠습니다."

바둑에 집중한 나머지 말 수가 적어도 이해해 달라는 말이었다. PD님도 그 부분에 대해서는 충분히 이해했다.

"이번 방송은 이세돌 9단과 알파고의 깊은 수읽기를 파고드는 것이 가장 중요한 목적이고 그것을 시청자들에게 전달해주면 좋겠어요."

PD님의 대답을 들으니 나의 마음도 한결 가벼워졌다. 1, 2국을 이세돌 9단과 함께 연구했기 때문에 왠지 알파고의 수법을 읽어낼 수 있을 것만 같았다. 그래서인지 2국이 끝나고 함께한 복기는 오히려 나에게 훨씬 더 도움이 되었다는 생각이 들었다. 왠지 두 판 연속 지고 있지만 이세돌 9단이 이길 것 같은 기분이 들었다. 복기를 통해 자신감이 생긴 것이다. 복기는 자신의 실수를 알고 반복하지 않으려는 의미가 크지만 심리적인 부분에서도 도움이 된다. 바둑 인생 25년 만에 깨우침을 얻은 것일까?

대국이 시작되었다. 알 수 없는 설렘이 나의 주위를 맴돌았고 나의 집중력은 극대화되었다.

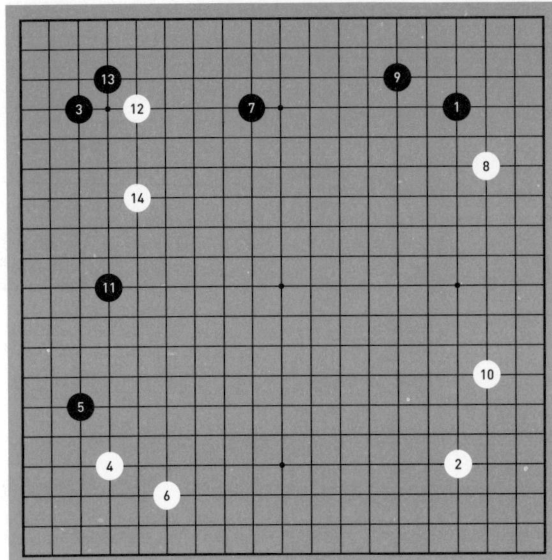

이세돌 9단은 높은 중국식 포석을 들고 나왔다. 넓게 포진을 한 뒤 공격으로써 주도권을 가져가겠다는 의지가 엿보였다. 9수는 한 칸으로 받아 높게 포진할 수도 있었지만 아무래도 3·3의 침입이 신경 쓰였기 때문에 낮게 받은 것이 아닐까 생각된다. 여기서 등장하는 알파고의 10수는 최근에는 자주 등장하지 않지만 세계 최고의 공격수라는 별명이 있는 현 국가대표 감독 유창혁 9단이 전성기 시절에 즐겨 쓰던 포진이다. 우하귀와 우변을 동시에 가져가겠다는 뜻이 있다. 이세돌 9단도 11수로 좌변을 가져가며 평범한 흐름으로 이어졌다.

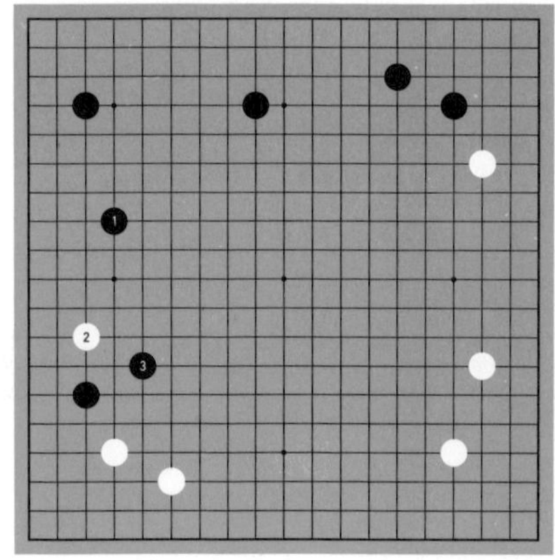

〈1도〉: 또 하나의 진행

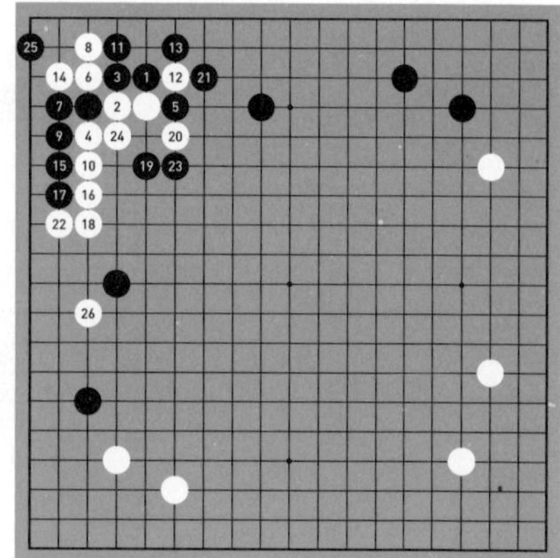

〈2도〉: 어려운 변화

11수는 참고도 1의 그림처럼 좌상귀를 중점으로 짜는 포진도 있다. 백도 좌하귀 흑을 압박하며 빠른 시기에 치열한 싸움이 벌어질 가능성이 높은 진행이다. 알파고의 12수는 당연한 선택이었다. 13수는 〈2도〉처럼 붙여갈 수도 있지만 백도 변화를 구하며 좌변을 깨면서 타협을 이끌 수 있다. 14수는 상당히 가볍고 유연한 지금의 형태에서 자주 등장하는 행마이다.

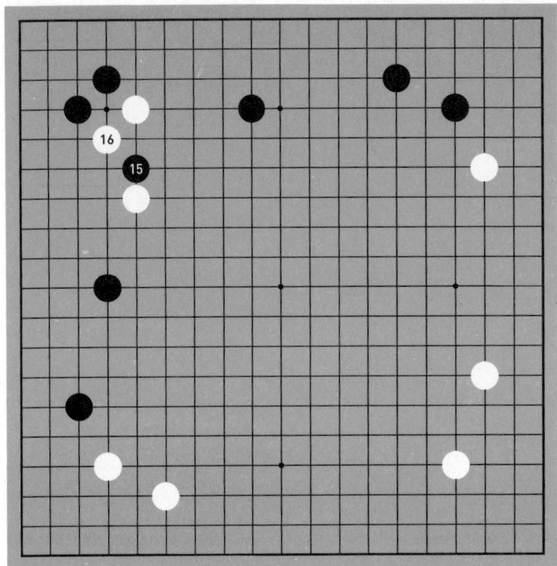

이 장면에서 등장하는 15수는 그 동안의 프로 기보에서도 종종 등장했던 기세의 한 수였다. 하지만 이세돌 9단의 이 수가 3국 전체를 힘들게 만든 원인이 되었으니 아이러니한 일이다. 많은 프로기사들은 〈3도〉의 진행을 선택했어야 한다고 입을 모았다. 흑은 안정적으로 실리를 확보하고 백도 가볍게 흑의 진영을 벗어나는 진행이다. 가장 무난하고 흑백 간에 서로 불만이 없는 진행이라고 볼 수 있다. 〈4도〉처럼 아래로 한 칸을 뛰는 수도 생각해볼 수 있지만 흑 모양이 비교적 눌린 형태이기 때문에 백이 만족할 만한 진행이 아닌가 생각된다. 알파고는 15수라는 강수를 당했음에도 불구하고 1분 정도의 시간만을 사용하고 16수를 들고 나왔다. 맞불작전이었다. 그리고 백돌이 공격을 당하지 않는다는 확신을 가지고 있었던 것 같다.

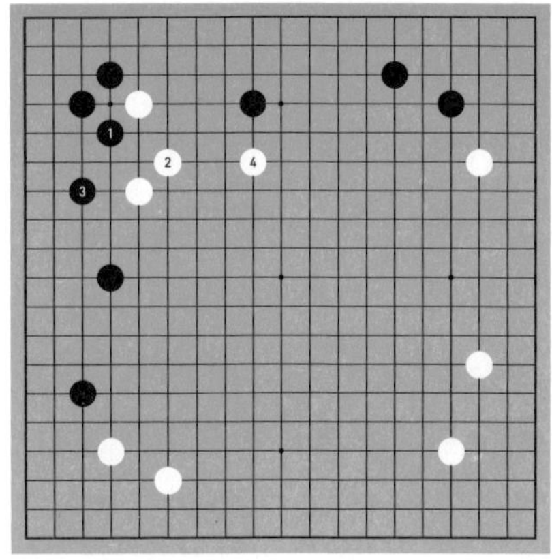

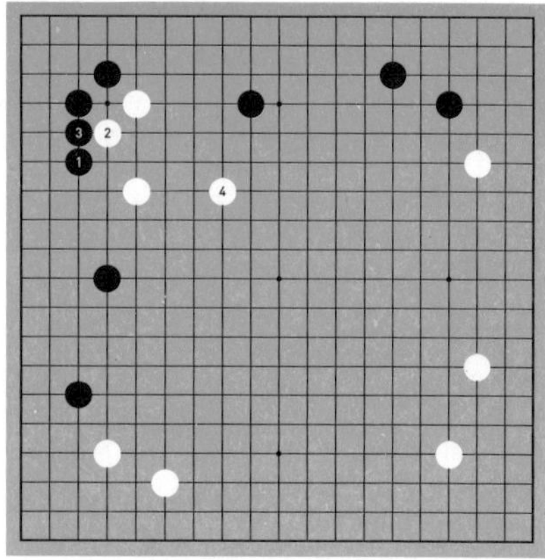

〈3도〉: 서로 불만 없는 모습   〈4도〉: 백 활발

놀랍게도 중국 랭킹 1위 커제 9단은 이 장면에서부터 흑이 이길 수가 없다고 말했다. 그렇다. 15수가 패착이라고 지목한 것이다. 바둑은 아직 포석도 제대로 짜이지 않았는데 벌써 승부가 난 것이라니 믿을 수가 없었지만 그만큼 흑의 해법은 오리무중이었다. 16수가 등장하고부터는 빠르게 착수하던 이세돌 9단의 손길이 점점 느려지고 있었다. 이 대국이 끝나고 프로기사들 사이에서도 16수에 대한 해법을 찾으려 노력했지만 결국 찾을 수 없었다. 이로써 그동안 우리가 알고 있던 15수는 사라질 가능성이 높아졌다.

물론 이런 경우는 상당히 자주 있는 편이다. 바둑에는 정석과 익숙한 포석 상용의 맥 등 예로부터 책으로 전해져 내려오는 수법들이 상당히 많다. 그러나 거듭된 연구와 실전을 바탕으로 그동안 알고 있던 정석과 포석이 계속해서 바뀌고 있다. 예전의 나의 스승님께서 이렇게 말씀하셨다.

"정석을 외우되 바로 잊어라."

즉 이런 정석이 있다는 것만 기억하고 해답은 실전에서 찾으라는 말씀이었다. 세상 모든 것이 발전하는 것처럼 바둑 역시 새로운 패러다임이 계속해서 등장하고 시간이 지나면 그 패러다임 역시 낡은 것이 되어 또 다시 변화하며 진화한다. 바둑의 매력은 여기서 찾을 수 있다. 나 역시 바둑 인생 25년째를 맞이하고 있지만 한 번도 지루했던 적이 없었다. 그저 다른 프로기사들과 마찬가지로 '신의 한 수'를 찾기 위해 노력하고 있으며 그것이 즐겁고 설레기 때문이다.

그리고 바둑은 철학과 일맥상통하는 면이 있다. 오랜 고민을 통해 깨우침을 얻는다는 것인데, 철학자들이 끊임없이 생각을 거듭하며 깨우침을 얻듯이 바둑기사들도 이러한 깨우침을 얻으며 실력이 향상된다는 것이다. 그리고 프로들의 미세한 실력 차이는 기술적인 부분보다 이런 깨달음의 정도에 달려 있다.

내가 아는 초일류 기사들은 자신만의 독특한 깨달음이 있었다. 그 중 하나는 항상 '왜?'라는 반문을 하는 것이다. '왜'라는 의문을 품고 스스로 질문을 하지 않으면 창의력과 상상력은 자취를 감추고 자신감과 자신만의 개성이 약해지게 된다. 특히 바둑에서 '왜'라는 질문을 하지 않으면 자신의 발전은 요원한 일이 되어버린다. 무조건 상대방의 수만 보고 이해하고 따라둔다면 절대 상대방에게 이길 수 없고 발전할 수도 없다. 주입식 교육, 암기식 교육은 바둑의 적이다.

하나의 예를 들어보자. 일본 바둑이 세계 최강인 시절이 있었다. 하지만 지금은 한국과 중국에 현저히 밀리게 되었고 이제는 대만과의 대결에서도 만만치 않게 되었다. 그래서 그 원인을 찾아보니 일본 기사들은 선배의 말에 무조건 따르고 반박을 하지 않는다는 데 문제가 있었다. 모든 묘안은 서로 다른 생각의 교차점에서 떠오르곤 하는데, 선배 기사의 말이 곧 절대적 진리인 시스템에서는 서로 발전하기 어렵다.

중국에서 주최되는 '금용성배'라는 세계대회가 있다. 이 대회는 상담기로 이루어지는

데, 상담기란 각국 대표단이 서로 머리를 맞대고 의논하며 바둑을 두는 것이다. 어느 해인가 일본 대표단은 요다 노리모토 9단과 쑤야오궈 9단 그리고 위정치 7단으로 구성되어 있었다. 위정치 7단은 각광받는 신예 기사로써 일본의 차세대 주자이고 요다 노리모토 9단은 일본의 '살아 있는 전설'로서 한국 킬러라는 별명이 붙을 정도로 20여 년 전 한국 기사들에게 공포의 대상이었다. 이 세 명의 일본 기사는 한 팀이었고 머리를 맞대어 좋은 수를 찾아야 했다. 하지만 쑤야오궈와 위정치는 요다 선생의 선택만을 기다리고 있었고 요다 노리모토 9단이 어떤 수를 선택하며 '이 수밖에 없겠지?'라고 말하면 그저 옆에서 '하이'라고 대답할 뿐이었다. 그렇게 생각하지 않더라도 감히 반박하기가 어려웠던 것이다. 나는 그 얘기를 들었을 때 이러한 분위기가 뿌리 깊게 박혀 있다면 일본 바둑의 미래는 어둡다고 생각했다.

한국과 중국의 공동연구 분위기는 이와는 많이 다르다. 물론 예의는 지키지만 자신의 주관을 확실하게 말하며 평가 받는다. 비록 선배 기사가 말을 하더라도 평가하고 반박한다. 그리고 선배 기사들도 전혀 기분 나쁘게 받아들이지 않는다. 얼핏 보면 버릇없는 후배라고 생각이 들지도 모르지만 공동연구는 서로의 의견을 스스럼없이 말하고 서로가 서로를 평가하고 그 과정에서 정답을 찾는 것이 최우선의 목표이어야 한다. 그래야 함께 연구하는 시간이 가치가 있는 것이다. 한국보다 중국은 그 정도가 훨씬 심하다. 마치 말싸움을 하는 것처럼 시끄럽게 자신들의 의견을 속사포처럼 내뱉는다. 정신이 없을 때도 있지만 이러한 적극적인 연구 자세가 중국 바둑을 발전시키는 데 큰 기여를 했다.

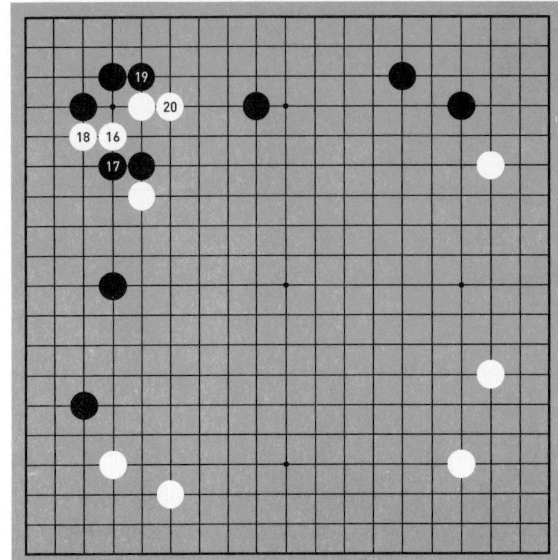

실전으로 돌아가 보자. 16수에 대한 고민 끝에 결국 17수를 선택했다. 여러 가지 고민이 있었을 것이다. 17수부터는 외길 수순으로 보인다. 흑의 진영이 돌파당한 만큼 이세돌 9단은 공격을 통해 이득을 봐야 하는 국면이 되었다.

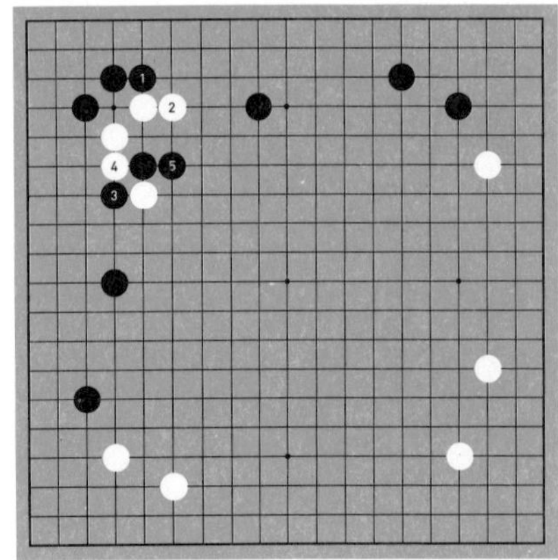

〈5도〉: 백 무리

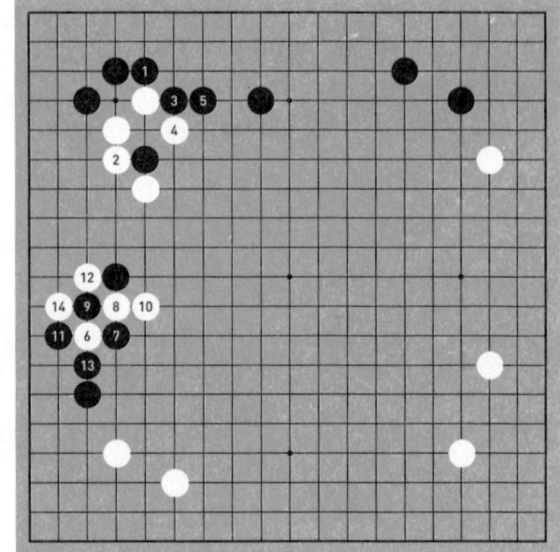

〈6도〉: 백 두터움

〈5도〉를 보자. 1로 밀어가는 수도 생각해볼 수 있다. 만약 백이 늘어준다면 3으로 젖혀서 유리한 싸움으로 이끌 수 있다. 하지만 백은 〈6도〉의 진행을 선택할 것이고 흑의 입장에서는 상변의 실리를 얻는 대신 좌변이 약해질 수밖에 없다. 그런 의미에서 고민 끝에 17수를 선택할 수밖에 없었다.

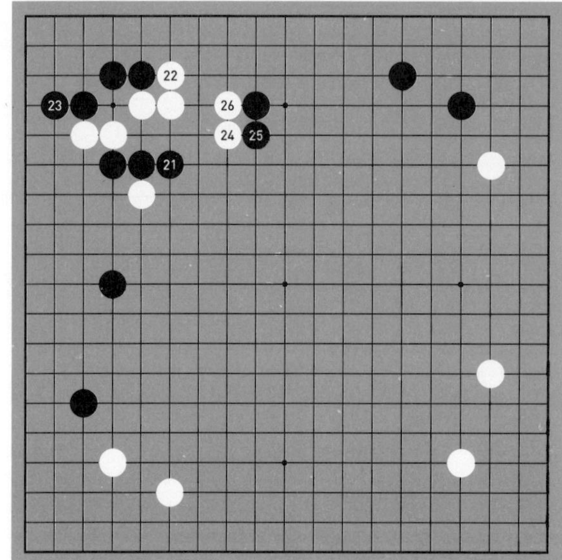

이세돌 9단은 21수가 패착이었다고 후회했다. 나 역시 방송 해설을 하면서 21수를 예상했었지만 〈7도〉처럼 젖히는 수가 더 활발했다는 의견이다. 실전처럼 백이 중앙으로 원활하게 진출하기도 쉽지는 않아진다. 사실 실전의 그림은 〈8도〉의 수 나누기를 통해 손해를 봤다는 것을 알 수 있다. 물론 애초의 형태는 흑이 좋은 형태이지만 백이 1로 뚫자고 붙여왔을 때 2로 한 칸을 뛴 것이나 마찬가지기 때문에 흑의 보가가 관통당한 형태였던 것이다.

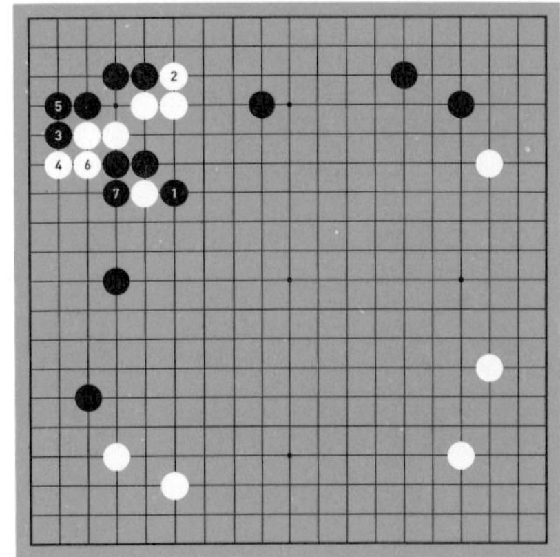

〈7도〉: 21수가 패착이다

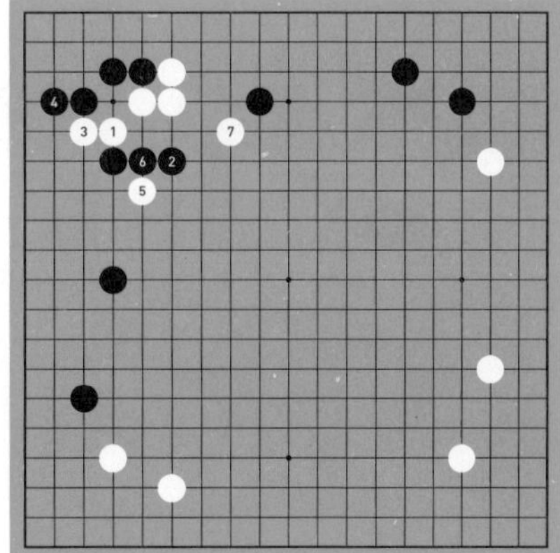

〈8도〉: 수 나누기

그래도 나는 백돌이 어느 정도 시달릴 것이라 생각했다. 아무래도 흑의 진영이고 주위의 흑이 단단하기 때문이었다. 하지만 알파고의 26수를 보자 숨이 멎는 줄 알았다. 교묘하게 백돌의 탄력을 만들고 있었고 그 한 수로 백돌을 공격하는 수단이 보이질 않았다. 나는 얼마나 놀랐는지 방송을 하고 있다는 생각마저 잊고 있었다. 이소용 캐스터가 나에게 몇 번이나 질문을 했는데 나는 전혀 듣지 못하고 있었다.

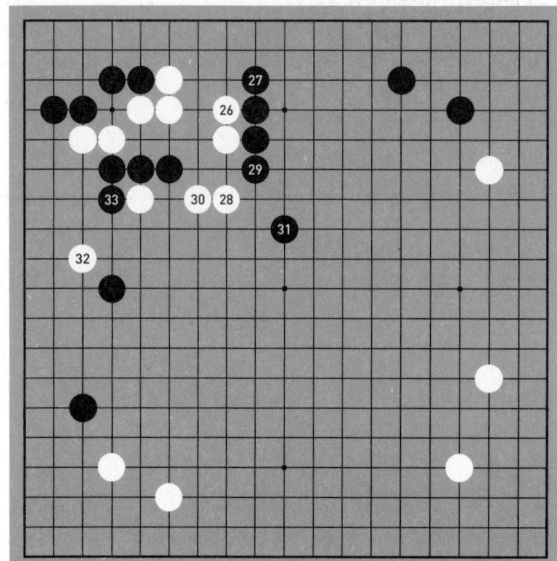

먼저 〈9도〉의 진행이 흑으로썬 일감이다. 하지만 백은 2, 4로 이단젖힘을 시도하고 5, 7로 백 한 점을 잡을 때 유유히 중앙을 돌파해 나갈 수 있다. 이것은 흑으로써 견디기 힘든 진행이고 그나마 흑은 〈10도〉의 진행이 어떨까 생각된다. 물론 상변의 흑 진영은 지워지고 오히려 백이 자리를 잡게 되는데 흑의 유일한 이점은 철벽을 얻는다는 것에 있다. 힘든 운영이 되겠지만 7로 한껏 모양을 키워 중앙을 경영할 수밖에 없다. 실전에는 실리 손실이 큰 〈10도〉의 진행을 하지 못한 채 알파고의 26수를 인정해줄 수밖에 없었다. 알파고는 28수와 30수로 중앙을 쉽게 진출했고 동시에 엄청난 노림을 가지고 있었다. 그것은 바로 32수.

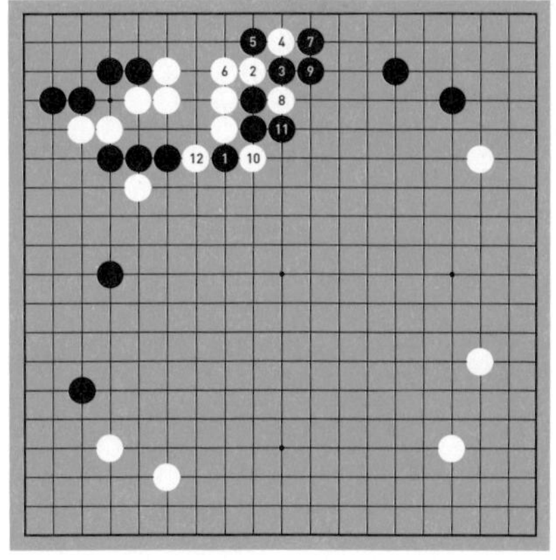

〈9도〉: 백 탈출 성공

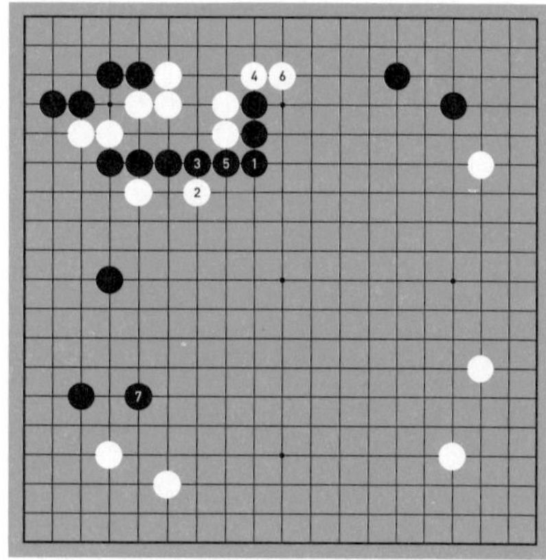

〈10도〉: 흑 세력 백 실리

1, 2국에서 알파고의 바둑은 처음에는 잘 이해되지 않았지만 차차 생각해보니 일리가 있는 수법이 많았다. 하지만 32수는 한 눈에 보기에도 아름다운 수였다. 그리고 알파고가 5번의 대국에서 보여준 수 중 가장 인상 깊었다. 마치 모세가 홍해를 가르듯 흑돌들을 갈라갔다. 그리고 묘하게 흑 석 점은 고립되었고 살려내기 위해서는 출혈을 감수할 수밖에 없었다. 이세돌 9단은 이 장면에서 7분 정도의 생각시간을 가졌고 33수를 선택했다. 과연 어떤 고민을 했던 것일까?

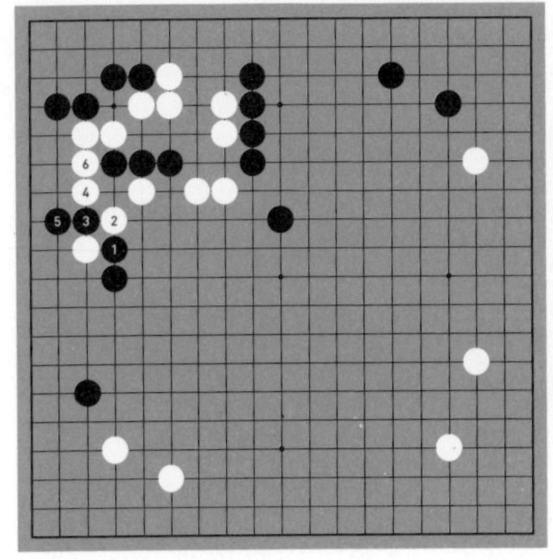

〈11도〉: 요석이 잡힘

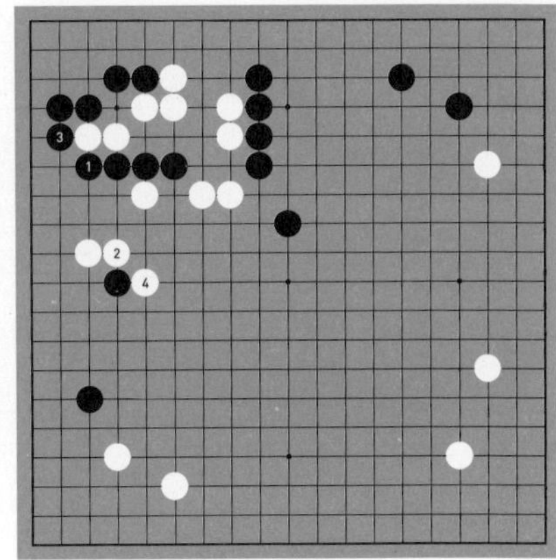

〈12도〉: 백의 당당한 자세

먼저 〈11도〉를 보자. 가장 일감인 밀어가는 수는 흑 석 점을 점점 고립시켜 결국 살려 내기 어려워지기 때문에 선택할 수 없다. 흑 석 점을 살리기 위해서는 〈12도〉의 진행을 생각해 봐야 하지만 2, 4로 힘차게 나온 백의 자세가 너무 좋아서 이 또한 선택하기 어려운 진행이다.

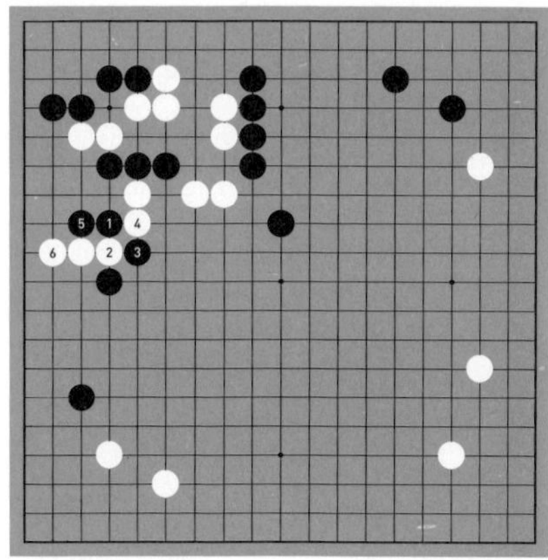

〈13도〉: 흑 무리

그럼 강공책은 어떨까? 〈13도〉의 그림처럼 1의 강수를 생각해볼 수는 있다. 하지만 2, 4의 역습을 맞으며 아주 곤란한 상황에 이르게 된다. 이세돌 9단은 32수에 대한 대처 방법을 연구했지만 뾰족한 수단이 보이질 않았다. 그만큼 알파고의 32수는 날카로운 수법이었다.

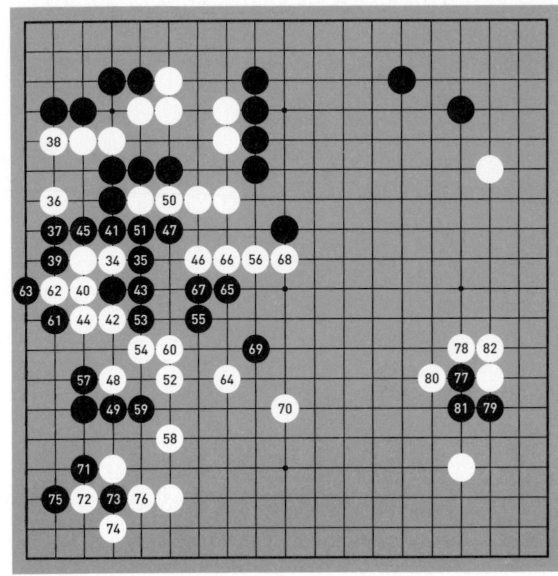

알파고는 34수로 마치 큰 전투를 펼칠 듯 액션을 취하더니 다시 36수를 두며 급소를 차지했다. 그리고 37수의 강수에 이어진 38수도 영리한 수법이었다. 결국 46수까지 양쪽 백돌을 타개해 나갔고 오히려 좌변 흑돌을 공격하는 포지션을 취했다. 마치 메시 선수의 현란한 개인기가 연상되는 장면이었다. 이 시점에서 공수가 역전되었고 주도권은 알파고에 넘어가게 되었다. 그나마 다행인 것은 57의 급소에 이어 61까지 연결을 했다는 것이다. 더욱 강하게 둘 수 있었던 장면에서 알파고는 안정적으로 우세를 지켜나가는 방법을 선택했다.

70수가 두어지면서 백 진영은 새하얀 눈밭이 되었다. 하지만 좌상귀로부터 뻗어 나온 백 대마는 아직 미생이기 때문에 이세돌 9단이 승부를 걸어갈 목표는 남아 있었던 것이다. 그리고 반상 위에 떨어진 77수에 감탄사가 절로 나왔다. 무언가 동물적인 감각으로 선택한 수로 보이는데, 흔히 말하는 성동격서(聲東擊西, 동쪽에서 요란을 피운 다음 서쪽 공격한다는 뜻으로 주된 목표의 반대쪽을 먼저 치는 공격 전술)가 등장한 것이다. 마치 우하귀에서 싸움을 거는 것처럼 보이지만 사실은 중앙 백 대마를 노리는 수였던 것이다. 여기서

사람이라면 상대방의 살기가 느껴지기 때문에 움츠려들기 마련이다. 그러나 알파고에
겐 그런 감정 따위는 없었다. 78수와 80수를 선택하면서 최강으로 받아쳤다.

1, 2국과는 뭔가 다른 알파고를 느낄 수 있었다. 특히 2국은 이창호 9단을 연상시킬 만
큼 안정적이며 최고의 운영을 보여줬다면 3국은 전투의 신이라 불렸던 조훈현 9단을
연상케 했다. 그래도 전투라면 이세돌 9단이 누가 뭐래도 최강이다. 그런 의미에서 알
파고의 강수는 나의 기대감을 높여주고 있었다.

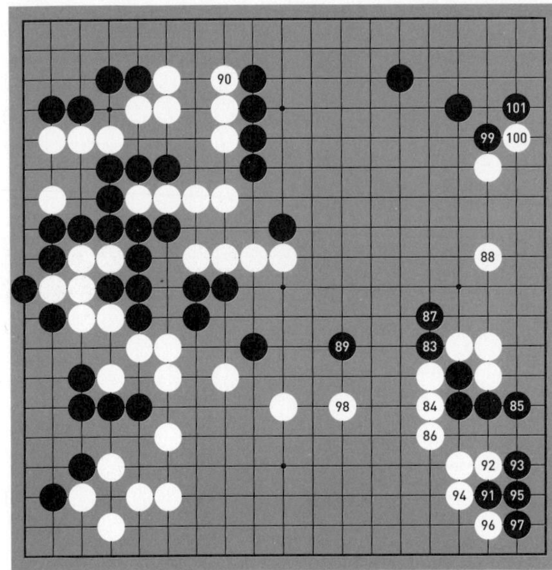

1분이 채 되기 전에 놓여진 83수는 기합이 잔뜩 들어가 있는 수였다. 83수는 보통 〈14도〉의 그림처럼 밀고 나오는 것이 일감이지만 흑 돌이 양분 되면서 곤란한 모습이다. 이세돌 9단은 초반에 장고를 해서 시간이 넉넉하지 않았기 때문에 빠르게 착수하며 시간 안배를 하기 시작했다. 우하귀 흑 넉 점을 방치한 채 89수로 울타리를 치기 시작했다. 동시에 하변으로의 진출까지 엿보고 있었다. 그렇지만 나는 이 89수가 조금 아쉬웠다. 〈15도〉의 그림처럼 1, 3의 교환을 통해 백의 안형을 없애고 난 뒤에 두었다면 괴롭힐 여지를 남겨둘 수 있었을 것이다. 물론 상변에서 백이 한 집 나는 것은 가능하지만 완생의 형태를 갖추지는 못한다.

이세돌 9단은 101수를 가장 먼저 후회했다. 이 타이밍에 〈16도〉의 그림처럼 마지막 공격을 노렸어야 했다는 것이다. 상당히 유력하고 반전을 노리기에 충분해 보이는 진행이다. 아니 충분하지 않더라도 이렇게 두었어야 했다. 이 바둑에서의 마지막 승부수를 던질 기회였다.

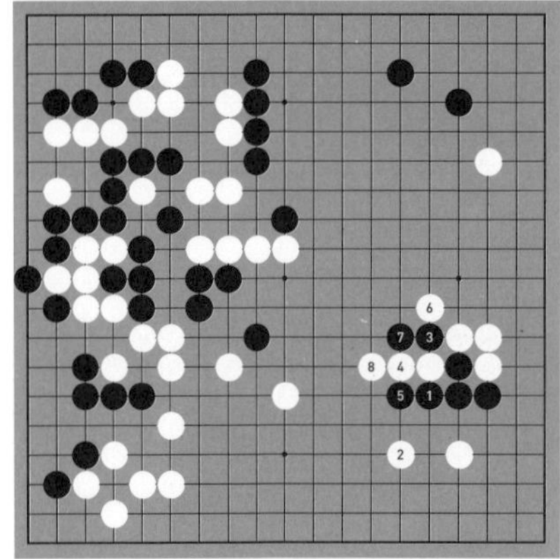

〈14도〉 : 백이 좋은 싸움

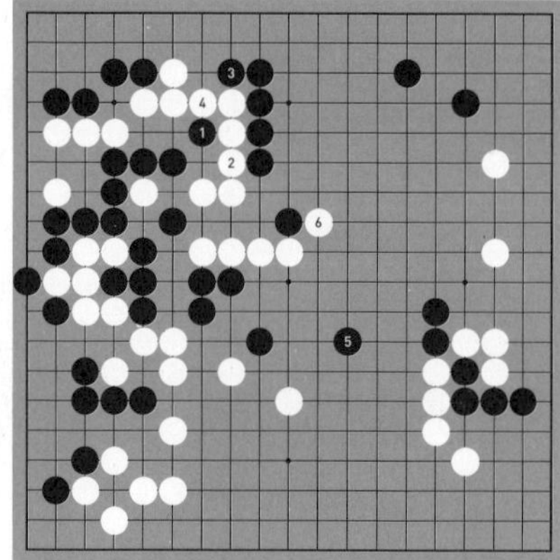

〈15도〉 : 아끼지 않았다면

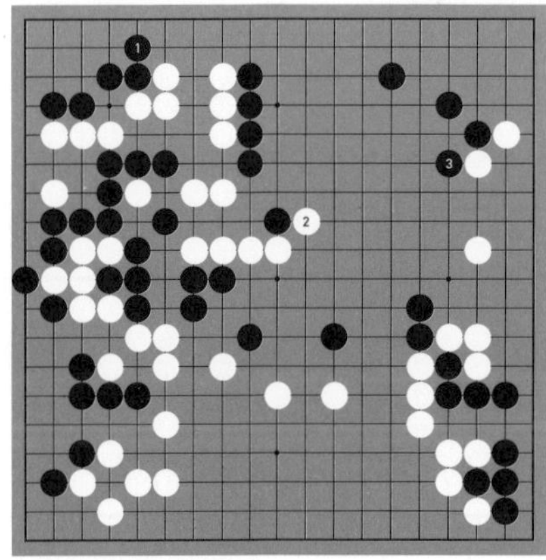

〈16도〉 : 마지막 후회

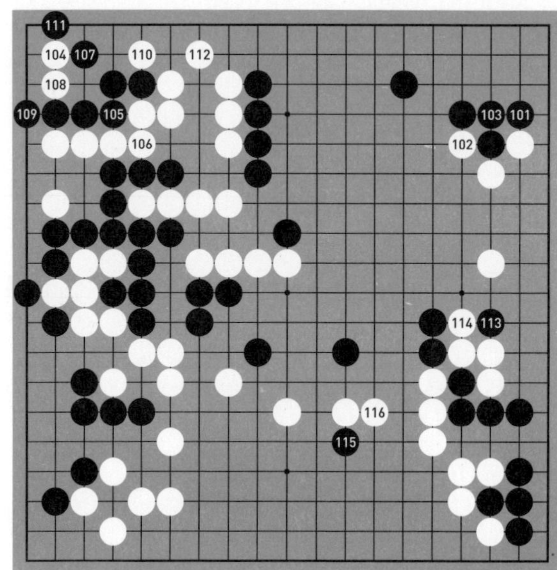

101수로 받자 알파고는 빠르게 102수를 교환하고 백 대마를 완생으로 만들려는 작업을 시작했다. 그것의 시작은 104수. 단순하게 사는 선택을 한 것이 아니라 흑의 사활을 이용해 효율적인 삶을 시도했다. 좌상귀 사활이 걸린 흑은 운신의 폭이 줄어들 수밖에 없었고 어쩔 수없이 알파고의 의도대로 이끌릴 수밖에 없었다. 112수로 완생을 확인한 알파고는 이후 좌상귀의 패 맛까지 남겨두었다. 〈17도〉처럼 두어간다면 패가 되는데 그 과정에서 백도 안형을 잃어 완생의 형태가 무너지기 때문에 약간의 부담감도 존재한다. 상변의 백은 완생의 형태를 갖추었고 집은 백이 많은 상황이다. 백의 유일한 불안요소는 우변. 백을 쥔 이세돌 9단 입장에서는 마지막 승부처를 우변에서 만들어야 한다. 3분 정도의 고민 끝에 113수를 선택했는데 착각이었을까, 114로 찌르고 나오자 당황하는 기색이 역력했다. 나와 이희성 9단은 의미를 찾기 위해 분주히 검토를 해보았지만 좋은 그림이 나오지 않았다. 유일하게 가능한 것이 〈18도〉의 그림이었는데 〈19도〉로 한 발짝 양보하면 더 이상 후속수단이 없었다. 바꿔치기도 생각해 보았지만 14까지 승리의 길은 보이지 않았다.

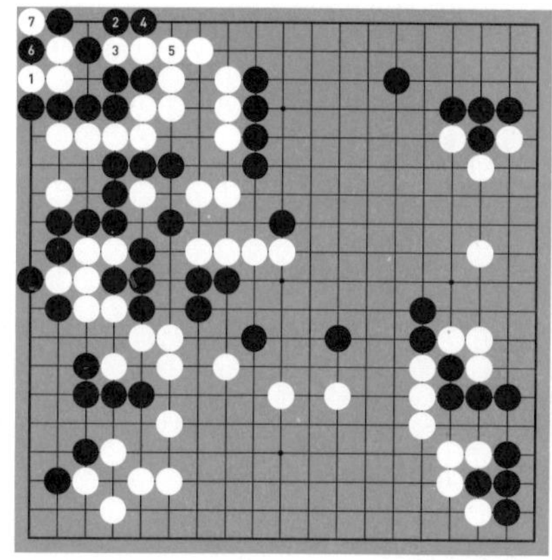

〈17도〉: 패 맛

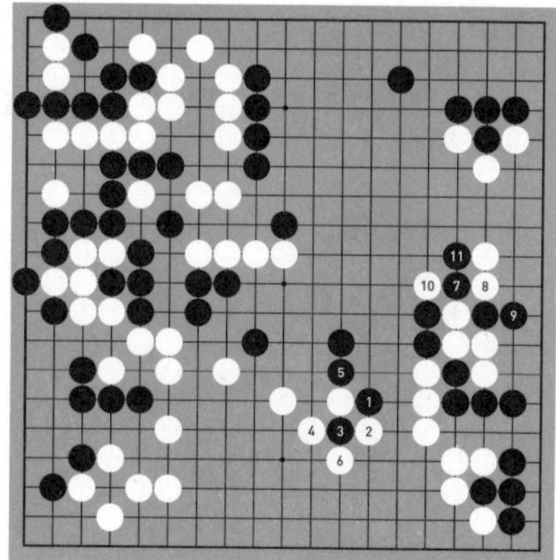

〈18도〉: 백 걸려듦

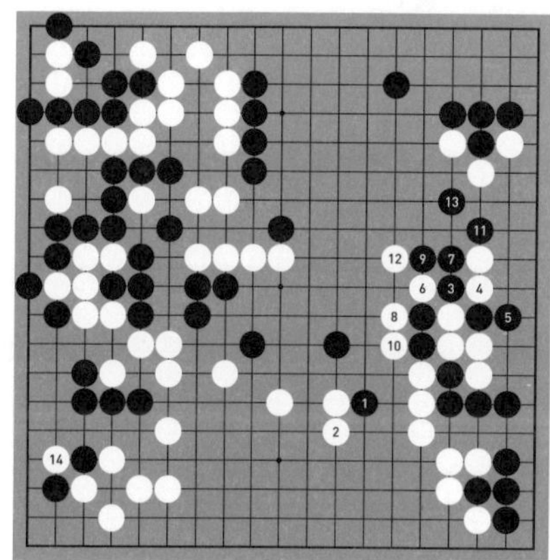

〈19도〉: 바꿔치기는 백승

결국 이세돌 9단은 괴로워하며 115수를 선택했다. 물론 호구로 받아준다면 〈18도〉의 그림을 만들어낼 수 있지만 알파고는 116수로 늘어두며 우변의 맛을 없앴다. 아무래도 이세돌 9단의 115수는 하변에서의 수단을 노릴 수밖에 없다고 판단한 수였다. 끊임없이 승부처와 승부수를 찾는 이세돌 9단의 집념이 느껴졌다.

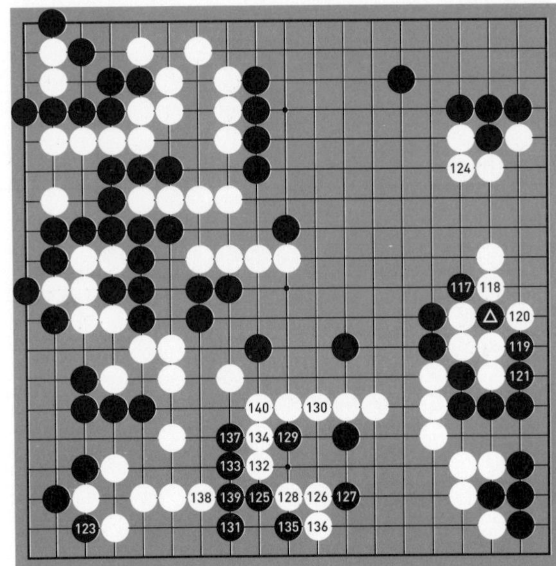

그리고 반상 위에 떨어지는 125수. 특공대를 투입하여 마지막 승부를 걸어갔다. 물론 승부수를 던지지 않고 돌을 거두어도 무방한 상황이었지만 알파고에 대해 더 알아야 했다. 3국의 패배가 아쉬운 것보다 아직 약점을 찾아내지 못했기 때문에 돌을 거둘 수 없었던 것이다. 그리고 125수는 충분히 시도해 볼만한 승부수이기도 하다. 백의 진영이 넓기 때문에 여지는 존재했고 115수로 붙여둔 수 역시 도움을 주고 있었다. 127, 129, 131수들은 어떻게든 탄력을 만들기 위한 고뇌를 느낄 수 있는 수순들이었다. 그리고 등장하는 알파고의 138수. 순간 나는 놀라 넘어질 뻔했고 희망이 현실이 되는 희열을 느꼈다. 방송 해설을 하면서 어찌나 놀랐는지 시청자들이 당황했을 것이다.

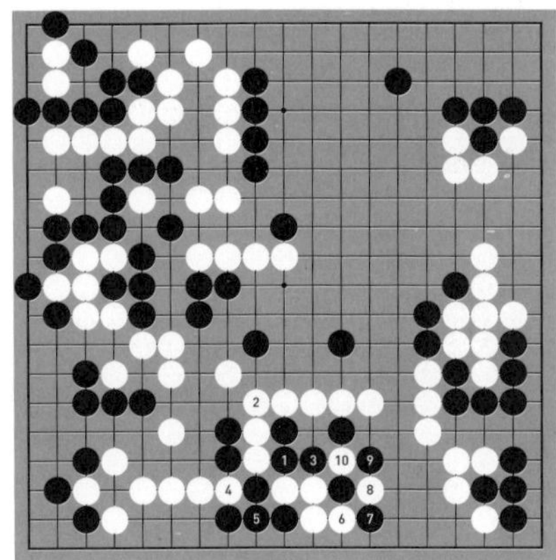

〈20도〉 : 큰 수가 나지만

그 이유는 〈20도〉에 나와 있다. 백 진영에서 큰 패가 나는 형태가 나온 것이다. 하지만 냉정하게 바둑판 전체를 보니 패감이 없었다. 꽃놀이패를 낼 수 있는데 패감이 없는 것이다. 순간 꿈꾸었던 역전의 희망은 바람과 같이 사라지게 되었고 나를 들었다 놨다 하는 알파고가 얄밉게 느껴졌다. 이세돌 9단도 패감 부족을 느꼈는지 139수를 선택했고 알파고는 140수로 유유히 약점을 지켜 나갔다.

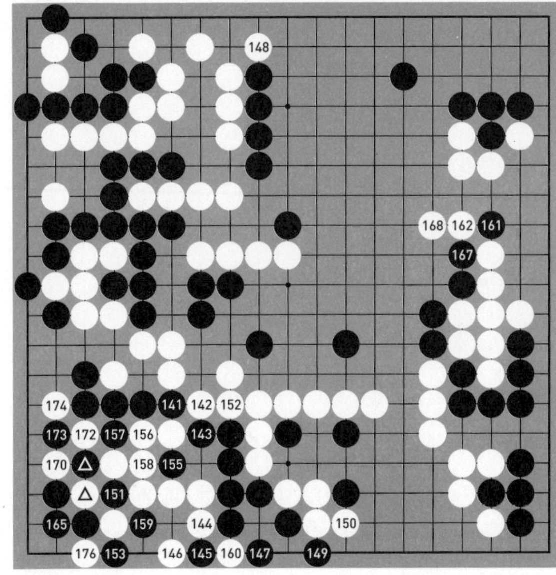

이세돌 9단은 최선을 다해 버텨나갔다. 그 과정에서 알파고의 패싸움 실력을 볼 수 있는 상황이 만들어졌다. 내가 가장 궁금했던 부분이기도 하다. 그런데 재밌는 것은 147수로 늘어진 패를 버티자 알파고는 패를 때려보지도 않고 148로 손을 빼버렸다. 순간 패를 때리지 않는 버그가 있는 줄 알고 숨죽이며 지켜보았고 〈21도〉의 수읽기를 그려보기도 했다. 조금 더 복잡한 진행이 될 것 같았다. 백돌 전부를 살리려고 한다면 단패가 되고 패싸움의 규모도 상당히 커진다. 물론 전체적으로 팻감이 많은 알파고가 유리한 그림이라는 것은 인정할 수밖에 없지만 만약 알파고가 패를 따내지 않는다면 이것은 알파고의 치명적인 약점이 될 수도 있는 상황이었다. 그리고 패에 대한 약점이 있다면 앞으로의 대국에서는 알파고가 절대 이길 수 없다는 의미가 되는 것이다.

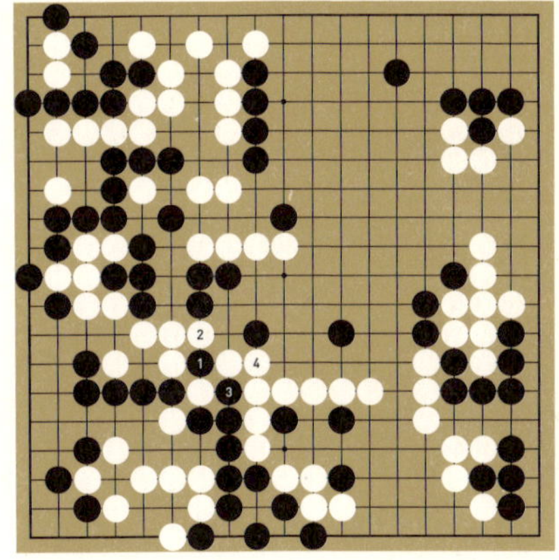

〈21도〉: 패 싸움의 규모를 키움

그러나 그런 기대는 얼마 지나지 않아 사라졌다. 154수가 등장하면서부터이다. 알파고는 필요치 않은 상황에서는 패를 때려내지 않았지만 정작 중요한 상황이 되자 패를 때려냈고 정교한 패싸움 실력까지 보여줬다. 그것은 164수의 과감한 패감으로 알 수 있었는데 자충처럼 보이지만 교묘하게 자충을 피하고 있었고 자체 팻감을 대량으로 생산하고 있었다. 결국 176수에 이르자 이세돌 9단은 돌을 거둘 수밖에 없었다. 알파고의 완승이었다. 나의 관점에서는 5번의 대국 중 알파고가 가장 잘 둔 바둑이 아닌가 생각한다. 하지만 마지막에 백 진영에서 수를 내주는 과정에서 약점을 보인 것은 알파고가 완벽하지 않다는 사실의 방증이었고 그 약점은 4국의 결정적인 순간에 나타난다.

3국이 끝나고 나서

5판3선승제 대결의 승리는 알파고가 가져가게 되었다. 처음에는 이세돌 9단이 3:0 승리를 확정짓고 어떻게 알파고를 테스트 할지 궁금했었는데 예상과 달리 반대의 결과가 나온 것이다. 알파고는 마치 진화를 하듯이 점점 완벽에 가까워지고 있었다. 절대 이길 수 없을 것 같다는 기분이 들었다. 분하고 원통했지만 그보다 두려운 마음이 앞섰다. 중국 랭킹 1위이자 2015년 세계대회 3관왕인 커제 9단 역시 1, 2국 때만 하더라도 알파고에 대한 자신감을 내비쳤지만 3국을 보고나서는 자신이 질 가능성이 매우 높다고 겸손하게 말했다. 이렇듯 알파고는 많은 프로기사들을 두려움에 떨게 했고 더 이상의 대국은 의미가 없다는 생각까지 들도록 만들었다.

3국이 끝나고 기자회견에서 이세돌 9단은 그동안 많은 경험이 있었지만 이렇게 큰 부담감과 압박감을 느껴본 적은 없었다고 밝혔다. 이세돌 9단은 인류 대표로서 인공지능과 홀로 싸워나갔고 그 과정에서 여러 가지 심리적 압박을 느꼈을 것이다. 이어서 알파고가 상당히 강한 것은 맞지만 완벽하다고는 볼 수 없다는 말도 덧붙였다. 그리고 분명히 약점이 있고 인간을 완전히 정복했다고 볼 수는 없다고 했다.

"오늘의 패배는 이세돌이 패배한 것이지 인간이 패배한 것이 아닙니다."

이세돌 9단은 자신의 능력이 부족해서 알파고에게 패배한 것이라고 말한 것이다. 알파고와의 대결에서 패배한 가장 큰 원인은 심리적인 부분이었고 시리즈의 패배로 그러한 부담감이 사라졌기 때문에 4국과 5국은 알파고를 제대로 평가할 수 있는 무대가 될 것이라고 말했다. 지옥 같은 대결을 펼치고 있었지만 이세돌 9단은 진정 강한 심장을 가지고 있는 승부사였다. 두려웠지만 도망가지 않았고 괴로웠지만 포기하지 않았다.

윈스턴 처칠은 이런 말을 남겼다. '만약 지옥을 걷고 있다면, 계속해서 나아가라.' 이세돌 9단은 지옥에서도 집념을 가지고 싸우며 앞으로 나아갔다. 그리고 반드시 한 판은 이긴다는 각오를 다짐했다. 그런 이세돌 9단의 모습에서 비장함이 느껴졌다.

프로기사들은 패배의 아픔을 견디며 살아간다. 그리고 승부의 무게가 무거울수록 그 아픔의 강도는 더욱 강해진다. 예를 들어 연습 바둑을 질 때와 국가 대항전에서 질 때의 아픔은 몇 백배는 차이가 날 것이다. 이번 알파고와의 대결은 인류를 대표해서 나온 것이다. 세계적으로 많은 사람들이 이세돌 9단을 응원했고 관심을 가지고 지켜보았다. 기대와 관심이 큰 만큼 졌을 때 느끼는 아픔의 강도를 짐작하기 어렵다. 오직 이세돌 9단만이 알 수 있는 감정일 것이다.

3국이 끝난 뒤 바둑계는 알파고에 대한 두려움과 동시에 이길 수 없는 상대라는 패배의식에 젖어 있었다. 나 역시 그러했고 이길 수 없는 상대와 싸우고 있는 이세돌 9단이 안쓰럽게 느껴졌다. 하지만 이세돌 9단은 완벽한 바둑이었다고 느껴진 3국에서 알파고의 약점을 찾아냈고 4국에서의 승리를 상상했다. 실제로 3국 마지막에 알파고의 진영으로 깊숙이 침투해 수가 나는 과정에서는 알파고의 약점을 찾을 수 있었다. 다만 약점보다는 강점이 훨씬 돋보였기 때문에 그 당시 약점으로 느껴지지 않았던 것이다. 그러나 단 한 사람, 이세돌 9단은 그 미세한 약점을 읽어냈고 그것은 남은 대국에서 승리할 수 있다는 자신감으로 이어졌다.

제4국

신의 한 수, 78번째 돌

GOOGLE DEEPMIND CHALENGE MATCH 4th

2016. 03. 13

○ 알파고

● 이세돌

| 180수 끝, 백불계승 |

더욱 설레는
알파고와의 만남

인공지능과 정면승부를 하기 위해 링 위에 올랐고 내리 세 판을 졌다. 그리고 인류의 패배와 함께 머지않은 미래에 인공지능에게 정복당할지도 모른다는 불안감까지 고조되었다. 인공지능이 계속 진화를 거듭하면 사람의 기술력과 지능이 필요 없어지는 상황이 펼쳐질 것이다. 인공지능이 인간의 일과 사고를 대체한다면 사람은 무엇을 해야 하는가? 혹시라도 영화 터미네이터처럼 인공지능이 인간을 공격하지는 않을까? 알파고의 모습에서 여러 가지 빛과 그림자를 떠올릴 수 있었다.

이세돌 9단의 별명이 하나 늘었는데 터미네이터에서 로봇과 싸우는 최후의 인류 '존 코너'를 패러디한 '돌 코너'였다. 그 별명은 왠지 어울렸고 전사의 이미지를 더욱 짙게 했다. 사람들은 인공지능과 싸우는 이세돌 9단의 승부사적인 모습을 보며 감동했고 응원했다. 이세돌 9단은 진 바둑에서의 패배를 깨끗이 인정하고 다음 대국을 향한 전의를 불태웠다. 이런 이세돌 9단의 모습을 보며 같은 프로기사인 나 역시 감동할 수밖에 없었다. 진정한 프로의 모습이었다.

시리즈의 승부는 3국에서 갈렸지만 4국과 5국 역시 구글과 이세돌 9단에게는 중요한 대국이었다. 한 판이라도 이긴다면 알파고에게 이길 수 있다는 가능성을 열어둘 수 있기 때문이다. 만약 5:0의 승부가 난다면 그것은 극복하지 못할 상대로 남게 되기 때문에 그 차이는 상당했다. 구글 역시 알파고가 영봉승을 거두어 무결점이라는 평가를 받고 싶을 것이다. 이제 이세돌 9단은 상금이 아니라 바둑과 인간의 미래를 걸고 싸우는 것이다. 그래서인지 승부의 무게감은 더욱 커진 듯했다.

알파고의 승률 기대치를 본다면 처음에는 흑으로 48%, 백으로 52%에서 시작한다. 1국과 3국에서 백 돌을 쥔 알파고는 먼저 싸움을 걸어가지 않았다. 그저 이세돌 9단의 강수에 반격을 가하는 수법을 사용했다. 그런데 흑번을 잡고 둔 2국에서는 적극적인 모습을 보여줬다. 그것이 우리를 놀랍게 만들었고 전혀 다른 알파고를 느끼게 했다. 그런 의미에서 승률 기대치가 낮은 흑번으로 두는 알파고가 무리수를 두지 않을까 생각했다. 재밌는 것은 알파고와의 대국이 늘어날수록 우리도 데이터를 얻는다는 것이다. 그것은 알파고와의 대결에서 좋은 정보력이 될 수 있고 약점을 찾는 데 도움이 된다.

오늘은 알파고가 어떤 모습을 보여줄까? 매 국마다 나를 놀라게 만들었고 그 수들을 연구해본 결과 상당히 일리 있는 수들이 많이 있었다. 알파고와의 4번째 만남이지만 왠지 첫 만남보다 더욱 설레었다. 4국은 이현욱 8단, 김여원 캐스터와 함께 바둑TV에서 해설을 진행했다. 평소 친하게 지내는 사이인 만큼 편한 방송을 할 수 있으리라 생각했다.

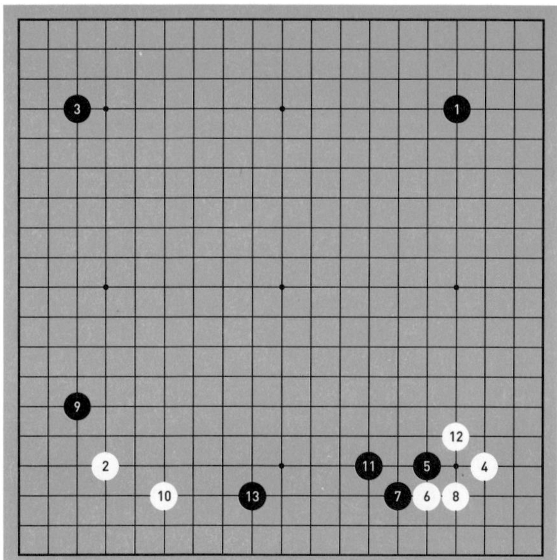

4번째 대국이 시작되었다. 이세돌 9단의 표정은 매우 차분해 보였다. 상체를 앞으로 당겨 앉은 채 반상을 응시했고 한 수 한 수 착수를 해나갔다. 재미있는 사실은 11수까지 2국과 똑같이 진행되었다는 것이다. 여기서 문득 이런 생각이 들었다. 2국과 똑같이 두어간다면 알파고 역시 똑같이 두어갈까? 그렇다면 이세돌 9단이 2국에서 아쉽게 놓친 찬스를 살리면서 앞서나갈 수 있지 않을까? 생각보다 손쉽게 승리할 수 있지 않을까? 그러나 12수가 등장하자 그 궁금증을 해결할 길은 사라져버렸다. 이세돌 9단은 그런 식으로 이기는 것을 원치 않았던 것이다. 그리고 12수는 2국이 끝나고 함께 복기를 했을 때 '이렇게 한번 두어볼 걸' 하고 말했던 수였다. 12수는 흑 석 점을 압박하는 수인데 2국 때처럼 알파고가 손을 뺄지 궁금했다. 아마 1202대의 CPU가 경고음을 냈을까? 알파고는 이 장면에서 모든 대국을 통틀어 가장 오랜 시간을 사용했다. 평균 1분 정도 시간 사용을 하고 착수를 하는 알파고가 무려 4분이 넘는 시간을 사용하고 13수를 선택했다. 상당히 평범한 수를 선택했음에도 불구하고 알파고는 왜 오랜 시간을 허비한 것일까?

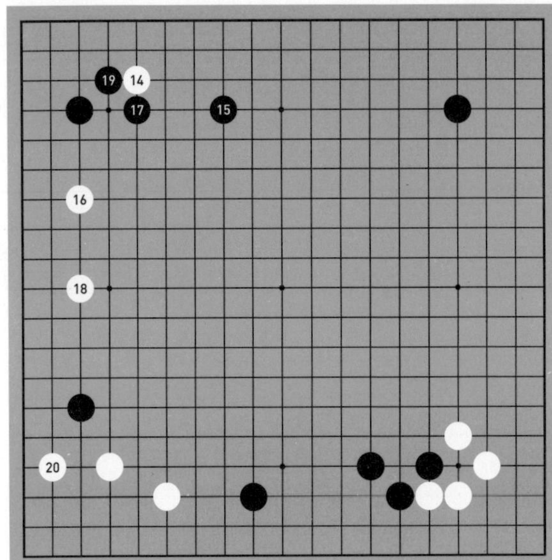

그러자 이세돌 9단도 발 빠르게 좌상귀로 걸쳐갔고 알파고는 협공으로 응수했다. 18수는 〈1도〉의 그림처럼 1로 늘어두고 두어가는 진행도 생각할 수 있다. 만약 4로 받아준다면 A로 두어 살리는 맛이 남아 있기 때문에 이득으로 작용할 수 있는데 아마 〈2도〉의 그림처럼 받지 않고 손을 빼는 진행이 꺼려졌을 것이다. 만약 〈3도〉의 그림처럼 마찬가지로 손을 뺀다면 4의 자리로 젖혀가며 싸우겠다는 생각이었던 것이다. 알파고는 19수를 두어 받았고 이세돌 9단 역시 너무나도 두고 싶었던 자리 20의 곳을 차지할 수 있었다.

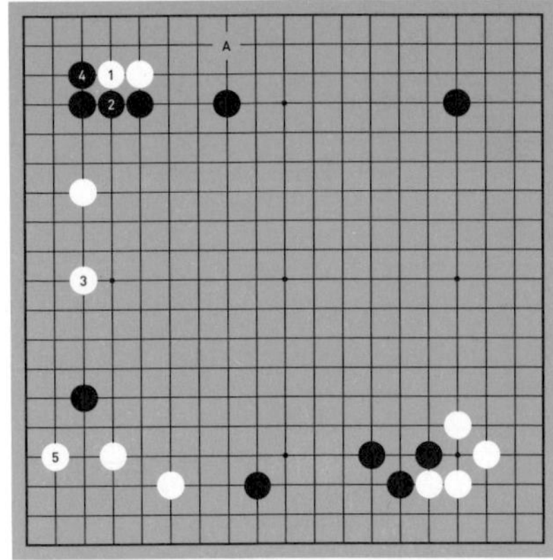

〈1도〉 : 교환이 된다면 이득

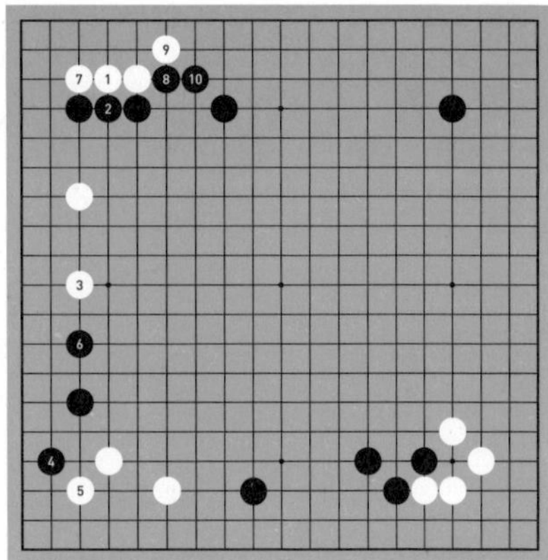

〈2도〉 : 흑의 반발

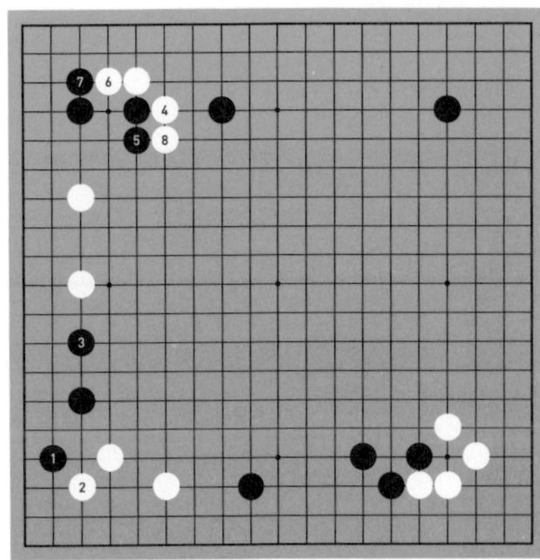

〈3도〉 : 4가 강력

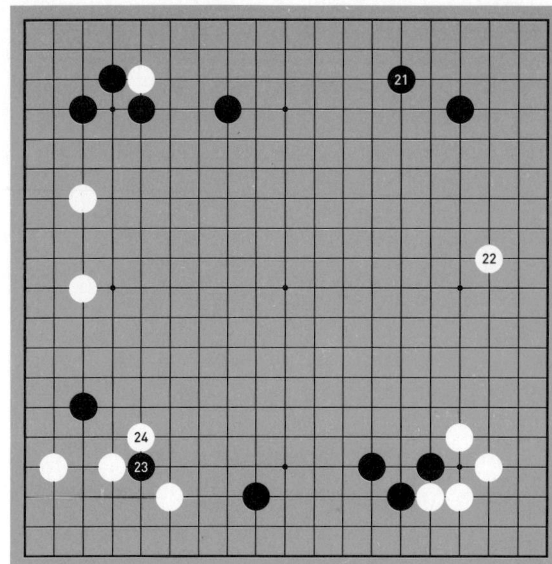

21수는 반대쪽 날일자로 굳혀간다면 먼저 〈4도〉의 그림이 떠 오른다. 하지만 이 그림은 상변을 안정적으로 전개한 백이 만족스러운 진행이기 때문에 흑은 〈5도〉의 그림으로 전개해야 한다. 이 진행은 흑도 충분히 둘 수 있는 진행이었다. 만약 백이 〈6도〉의 그림처럼 귀의 실리를 차지하는 선택을 한다면 우변을 차지해가서 흑이 활발한 진행이다.

23수. 놀라운 수가 또 다시 등장했다. 이세돌 9단은 놀란 표정과 동시에 쓴 웃음을 지었다. 왜냐면 우리의 상식으로는 악수라고 알려진 수가 등장했기 때문이다. 하지만 곧바로 평정심을 찾았고 알파고의 의도를 파악하려는 듯 다시 집중했다. 알파고는 〈7도〉의 그림처럼 1로 받아준다면 손을 돌릴 수 있는 여유가 생긴다고 판단하지 않았을까? 3의 공격이 와도 4의 자리가 선수가 되면서 탈출이 가능하다고 생각한 것이다. 만약 3의 공격이 오고난 뒤 23수의 곳을 두어간다면 분명히 백은 A로 두어 반발을 할 것이다. 알파고의 의도가 뻔히 보이기 때문에 이세돌 9단은 24로 반발을 했다. 기세였고 어떻게 보면 당연한 반발이었다.

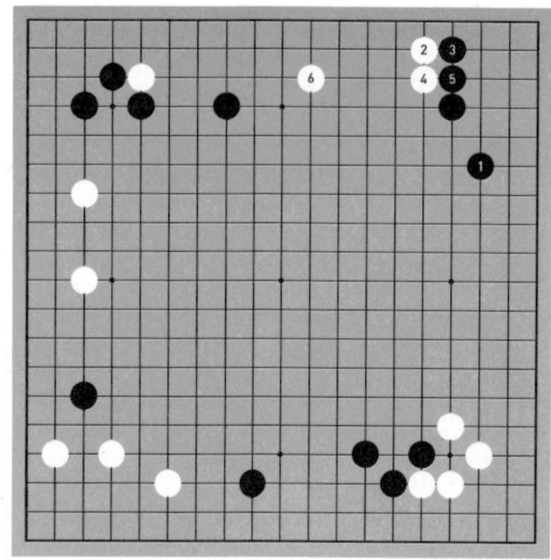

〈4도〉 : 백 활발

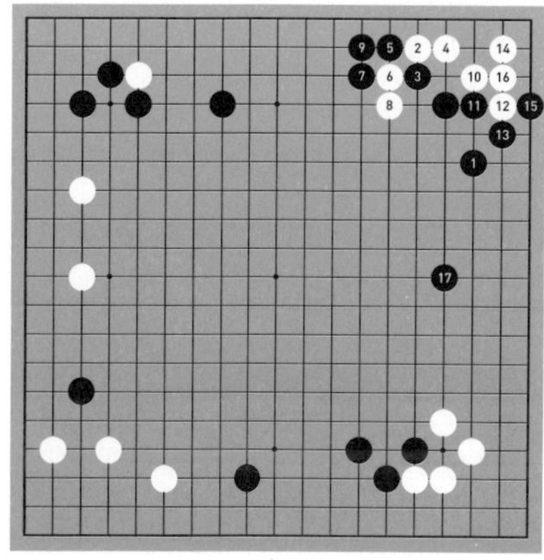

〈6도〉 : 흑 이상적인 모양

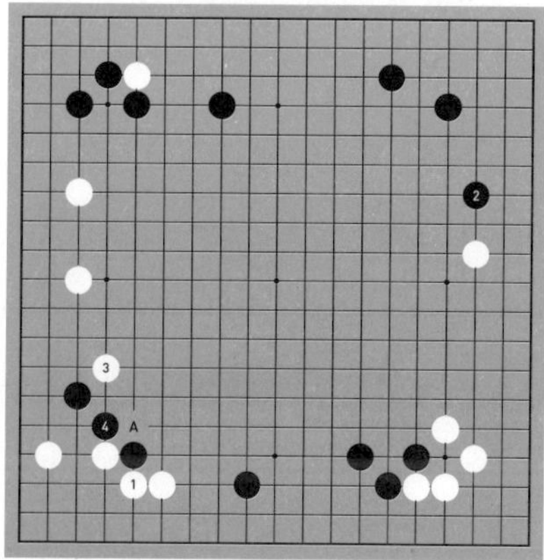

〈5도〉 : 또 하나의 진행

〈7도〉 : 알파고의 생각

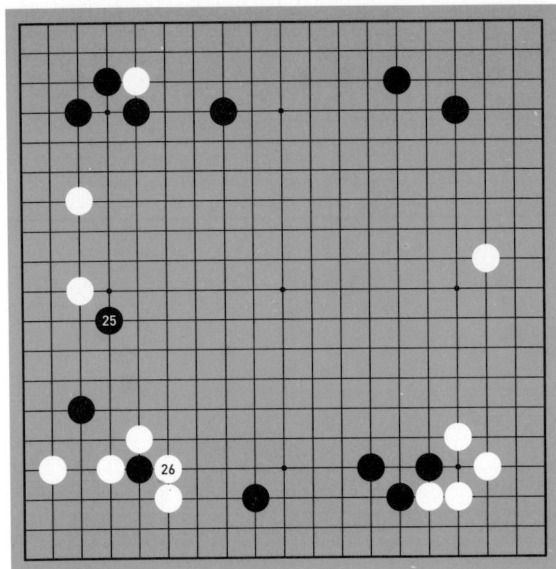

여기서 등장하는 25수. 이 수를 보니 알파고의 의도를 알 수 있었다. 보통은 〈8도〉의 그림처럼 백은 밀어가야 하는데 이 때 미리 붙여둔 흑의 돌을 움직여 싸우겠다는 생각이었다. 〈9도〉의 진행도 생각할 수 있는데 18의 응수타진이 상당히 날카롭게 느껴진다. 19로 반발을 한다면 귀에 수가 나게 되면서 백이 곤란하다. 23수는 일감으로는 이해가 되지 않았지만 깊게 생각해보니 나름 일리가 있는 수였다. 나는 그래서 〈10도〉의 그림을 예상해 보았다. 실리를 얻고 선수까지 뽑아 큰 자리를 갈 수 있기 때문에 백이 불만 없는 진행으로 보였기 때문이다. 만약 〈11도〉로 전투를 걸어온다면 5, 7로 강하게 응징해 흑이 곤란한 형태이다.

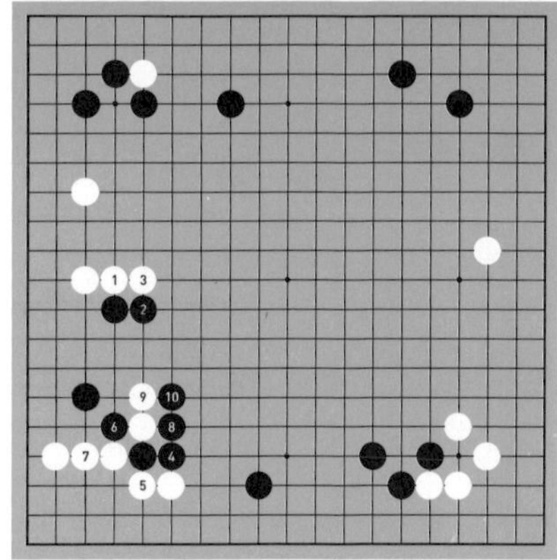

〈8도〉 : 알파고의 노림

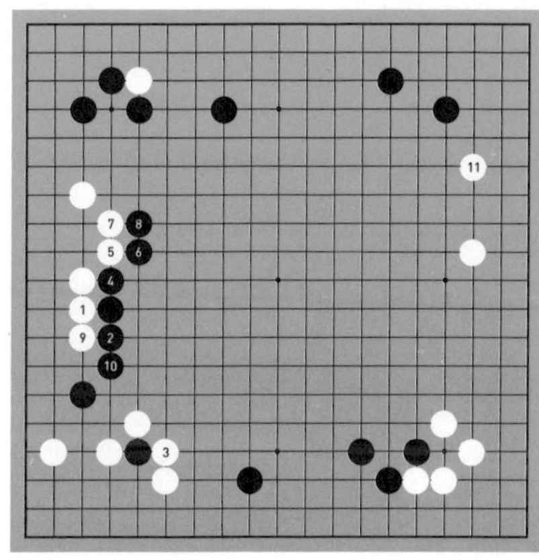

〈10도〉 : 무난한 진행

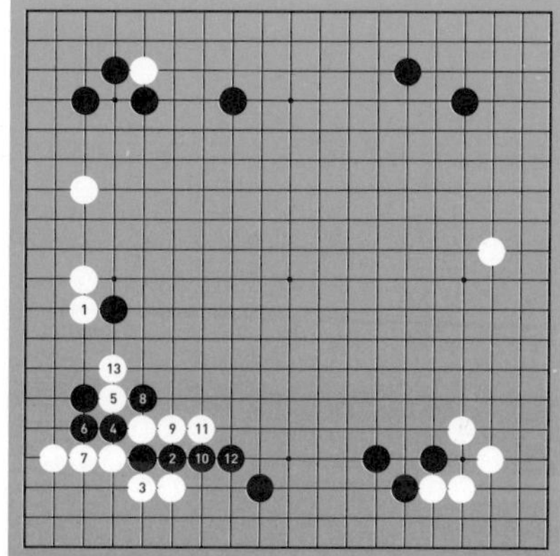

〈9도〉 : 귀의 맛이 나쁘다

〈11도〉 : 흑 무리

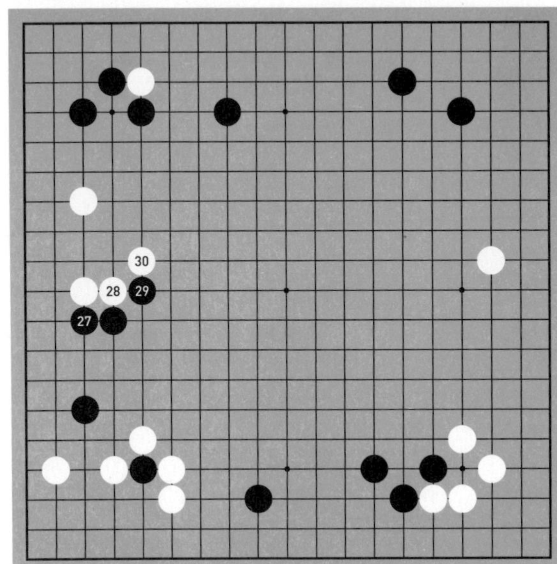

하지만 나의 예상과는 다르게 이세돌 9단은 교환을 하지 않고 바로 잡아두었다. 여기서 흑은 보통 〈12도〉의 선택을 한다. 가장 안정적인 수법이기 때문이다. 흑이 밀어갔을 때 〈13도〉로 백도 같이 밀어간다면 3, 5를 선수로 당해 좋지 않다. 하지만 실전에서 알파고의 선택은 27수. 강수를 선택했다. 이어서 29수로 젖혀가며 이세돌 9단을 자극했다. 전투의 신이라 불리는 이세돌 9단에게 자신이 불리한 진영에서 전투를 걸어간 것이다.

나는 당연히 〈14도〉의 그림처럼 전투가 벌어질 것이라 생각했다. 분명 백이 마다할 이유가 없는 전투였다. 〈15도〉의 그림으로 알파고가 타협을 시도할 수도 있지만 이것 역시 흑 한 점을 제압한, 백이 괜찮은 그림으로 보인다. 하지만 이세돌 9단은 30으로 젖혀갔다. 이세돌 9단의 바둑을 수도 없이 봤지만 전투를 피하는 모습은 처음 본다. 알파고의 기세에 위축되었을까? 아니면 의도된 설계였을까? 아직도 궁금증이 해소되지 않았다. 이세돌 9단은 그것이 최선이라 생각했기 때문에 선택했을 것이다.

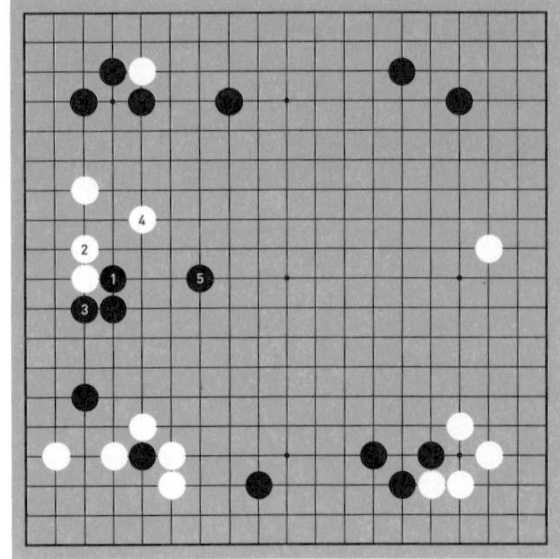

〈12도〉: 보통이라면

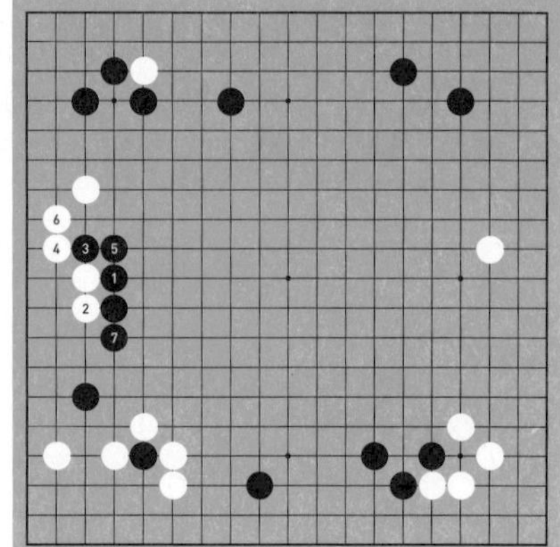

〈13도〉: 백 불만

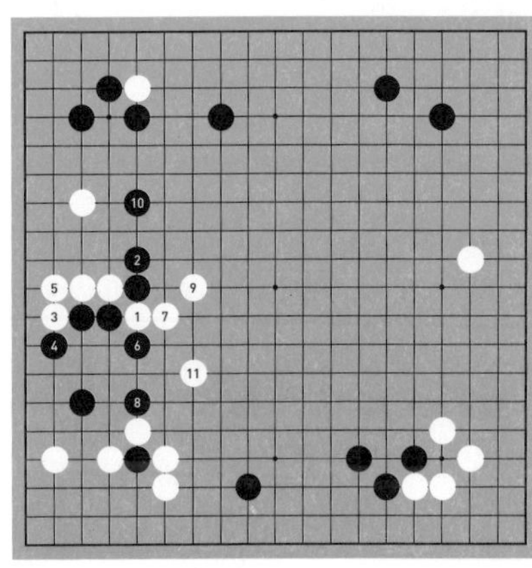

〈14도〉: 백 유리한 전투

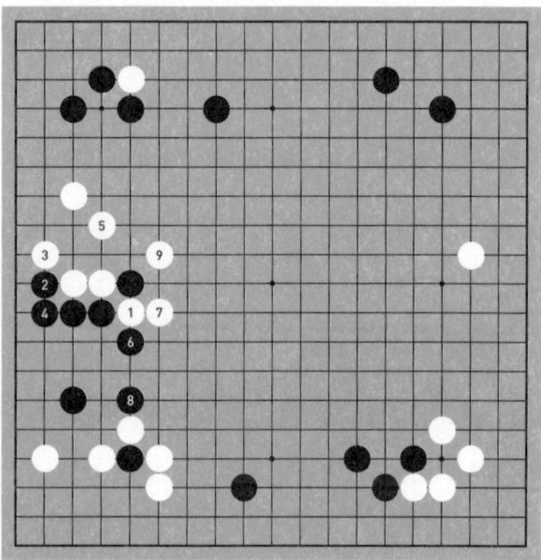

〈15도〉: 타협

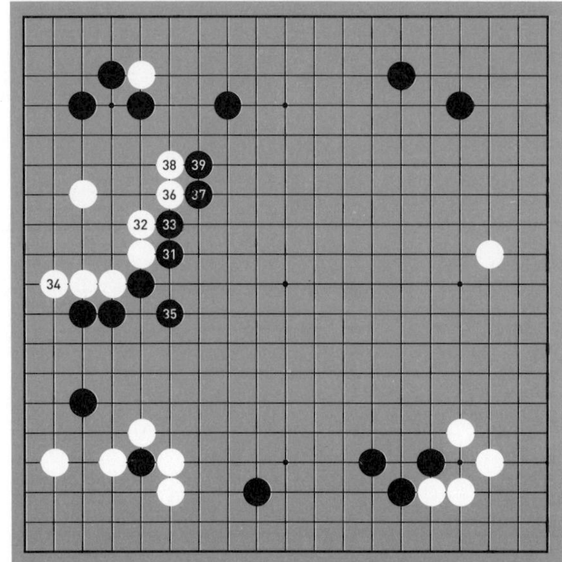

알파고는 31로 재차 젖혀갔다. 흔히 말하는 이단젖힘이다. 기세가 느껴졌지만 한편으로는 여전히 의문이었다. 이세돌 9단은 극한의 인내심을 보여주었다. 알파고는 접근전을 유도했지만 결국 전투는 일어나지 않았다.

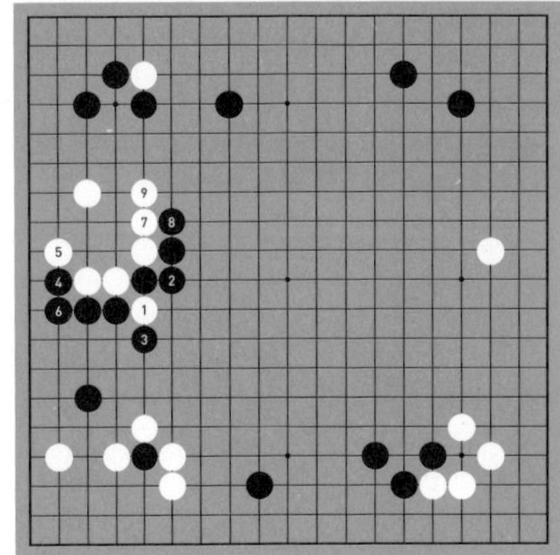

〈16도〉 : 흑 무리

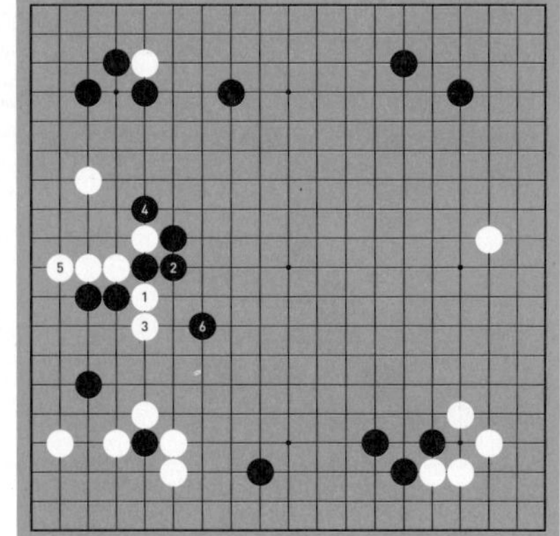

〈17도〉 : 알파고 스타일

〈16도〉로 끊어 싸워간다면 어떻게 대처하려는 것일까? 결국 나는 〈17도〉의 그림을 그리며 '이것이 알파고 스타일인 것 같다'는 생각으로 결론을 지었다. 실리를 내어주고 세력을 얻는 모습이다. 그리고 호시탐탐 흑돌의 생환을 노리고 있다. 이세돌 9단은 한없이 참았고 알파고에게 세력을 내어주었지만 선수를 뽑았다.

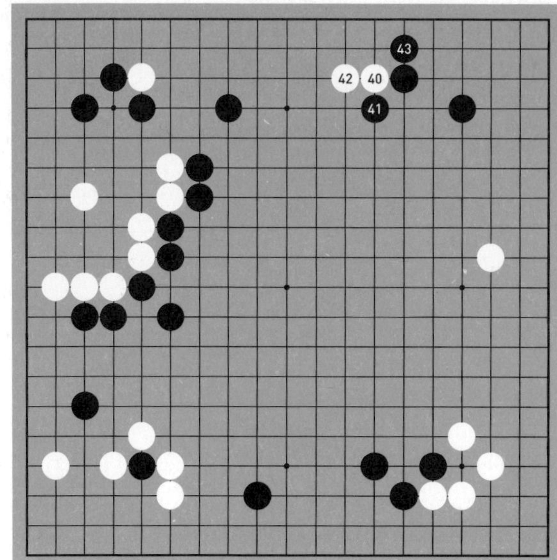

나는 40으로 침투해 들어간 수로는 〈18도〉의 1을 예상하고 있었다. 물론 흑의 2, 4의 수법으로 막힌다면 두텁겠지만 〈19도〉의 그림처럼 반발해 충분히 싸울 만하다고 생각했던 것이다. 나중에 대국이 끝나고 곰곰이 생각해 보았는데 아마 흑도 〈20도〉의 그림처럼 유장하게 모양을 키워 나갔을 것 같다. 아마 이 후 상변으로 특공대를 투입하는 것은 위험부담이 크다고 이세돌 9단은 판단해 빠르게 침투를 시도한 것이라 결론을 지었다.

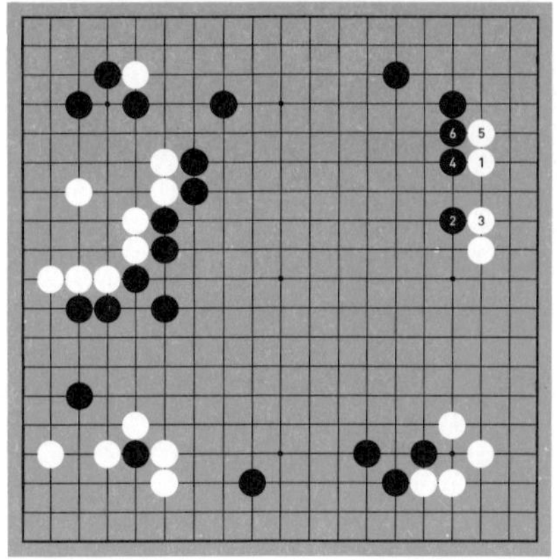

〈18도〉 : 흑 웅장한 세력

〈19도〉 : 당연한 반발

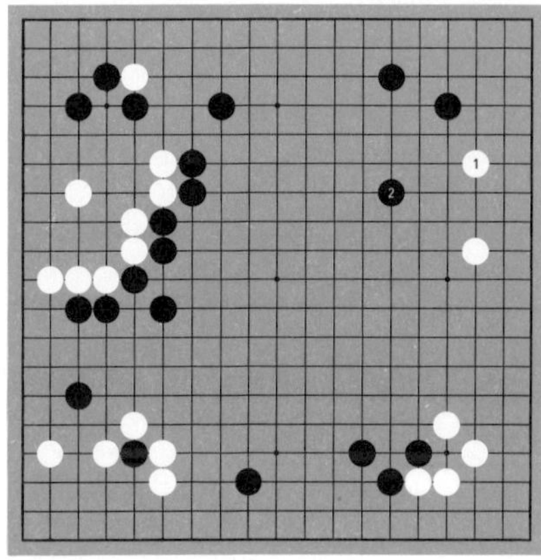

〈20도〉 : 적당한 감각

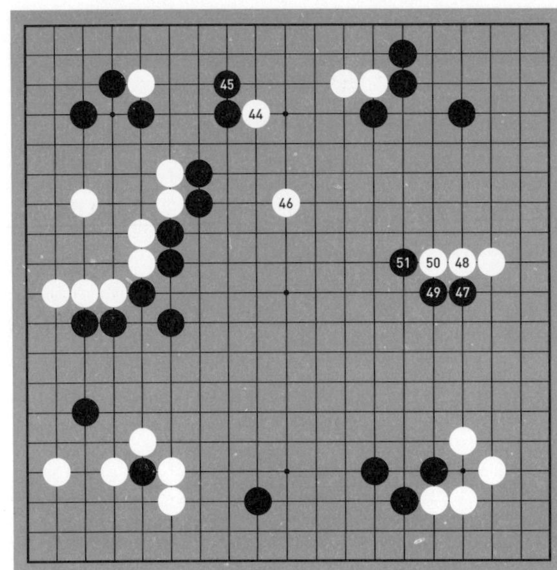

알파고의 초강수,
51수

제8보 : 44~51수

44의 교환은 약간 아깝지만 46의 나비 같은 행마를 하기 위해 필요한 교환이다. 46수
는 10분 가까이 사용하면서 선택한 만큼 이세돌 9단의 고뇌가 느껴지는 한 수였다. 46
수는 좌측 흑의 형태를 끊는 약점을 벌처럼 쏘기 위해 노림을 가지고 있는 수이기도 하
다. 이 장면에서 나는 〈21도〉의 그림을 예상해봤는데 이 진행은 팽팽한 끝내기 싸움으
로 이어질 가능성이 상당히 높은 진행이다.

하지만 나의 예상과 다르게 알파고의 놀라운 감각이 또 다시 등장한다. 어깨 짚는 수를
상당히 좋아하는 알파고. 서로 밀어가는 과정에서 판이 빠르게 정리된다고 보는 것일
까? 2국을 본다면 4선에 있는 돌에게도 어깨를 짚어갔는데 3선에 위치한 백돌에게 어
깨를 짚어가는 것은 알파고 입장에서는 어쩌면 당연한 일일지도 모르겠다. 하지만 내
가 놀란 이유는 따로 있다. 그것은 어깨를 짚어간 이상 가장 먼저 〈22도〉의 그림이 예
상되었고 이 진행은 약한 백돌이 자연스럽게 연결되는 진행이기 때문에 흑이 싱거워
보였던 것이다. 그런데 알파고는 애초부터 이 그림을 그렸던 것이 아니었다. 초강수 51
수가 등장했다. 좌변에서도 나왔듯이 또다시 자신의 약점을 노출시킨 것이다.

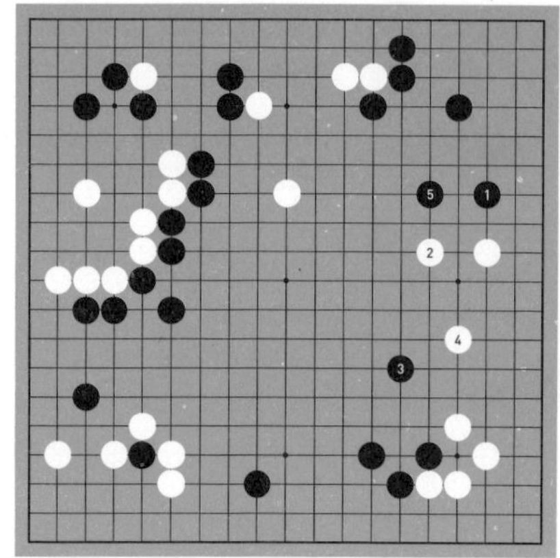

〈21도〉: 평범한 진행

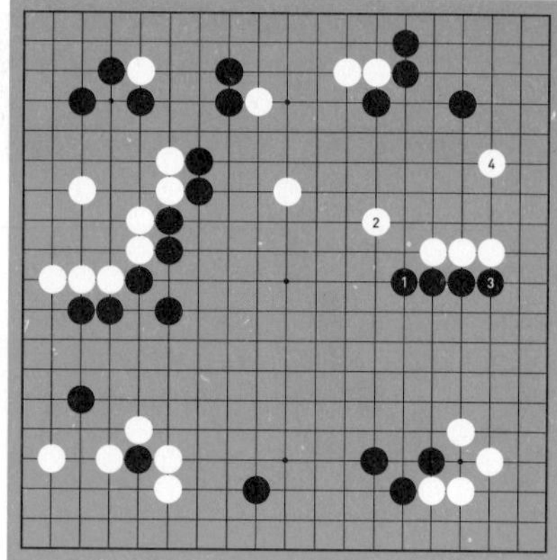

〈22도〉: 백 만족

나는 이세돌 9단이 노타임으로 끊어갈 줄 알았다. 그것이 당연한 기세라고 생각했다. 하지만 이세돌 9단은 신중하게 생각했다. 평소라면 아마 바로 끊는 선택을 했을 텐데 초반에 좌변에서 물러난 것처럼 승리를 위해 평소의 고정관념과 기세를 버린 것이다. 마치 알파고처럼 이길 수 있는 확률이 높은 수를 생각해보고 싶었던 것이다.

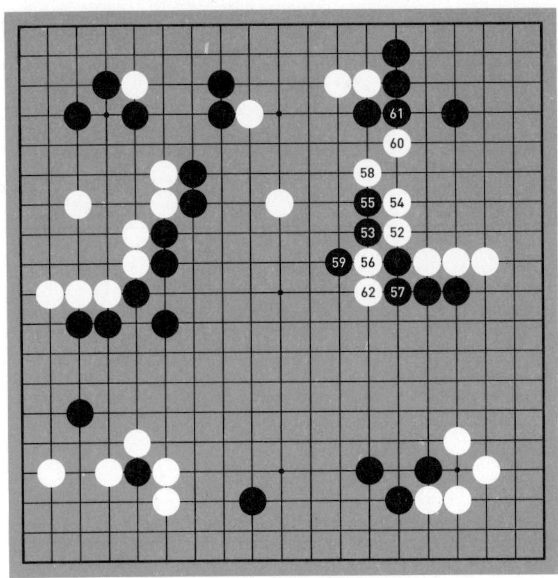

그리고 등장하는 52수. 나는 지금까지 이세돌 9단의 거의 모든 바둑을 봐왔지만 이런 모습은 처음이었다. 그동안 자신이 불리한 싸움도 마다하지 않고 싸움을 걸어가는 모습을 보여 왔었는데 이번 대국만큼은 달랐다. 승리의 확률을 높이려는 노력과 고뇌처럼 느껴졌다. 이세돌 9단은 인내를 거듭하면서 딱 한번밖에 오지 않을 그 타이밍을 노리고 있었던 것이다.

〈23도〉를 본다면 백이 끊어갔을 때 흑이 강하게 저항해간다면 생각보다 만만치 않은 진행이 이어진다. 오히려 흑돌이 타개가 된다면 백이 궁지에 몰릴 수도 있는 그림이다. 〈24도〉의 그림처럼 일단 차단을 하고 수습을 시도하는 진행 역시 그려볼 수 있다. 모든 전투가 그렇듯이 끊어 갔더라면 복잡한 전면전이 이뤄질 가능성이 높아 보인다. 52수, 54수로 한발 물러나고 58로 젖혀가서 다른 싸움을 구상했다. 하지만 알파고는 59로 단수로 몰아갔고 이세돌 9단은 60의 교환을 해 둔 다음 62로 빠져나갔다.

60의 교환은 나의 생각과는 조금 다른 진행이었다. 나는 그 교환이 악수라고 생각했다. 그래서 그냥 한 점을 빠져나가는 그림을 생각했고 흑도 끊어간다면 〈25도〉의 진행

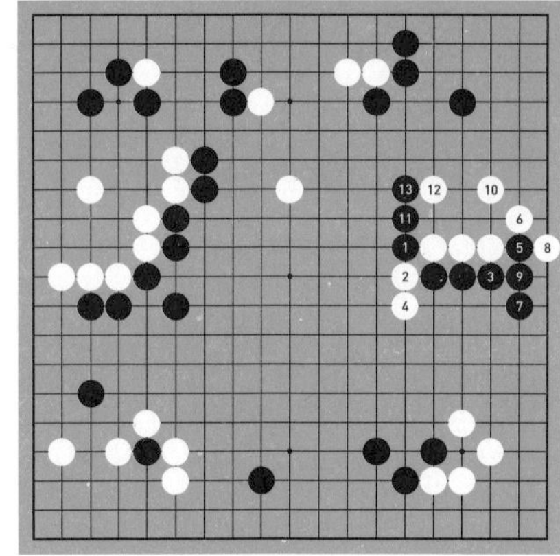

〈23도〉: 기세의 끊음

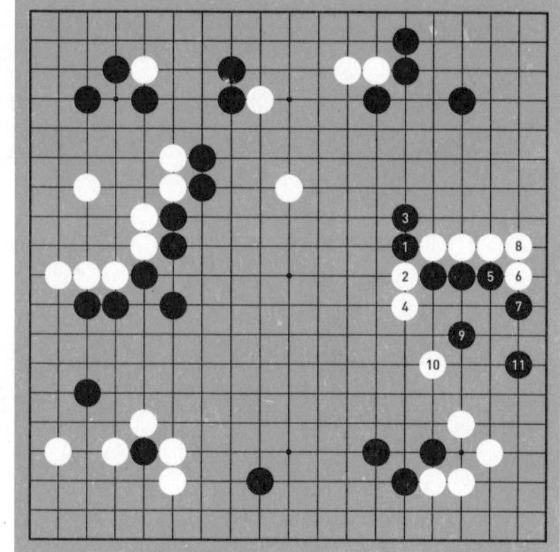

〈24도〉: 복잡한 전투

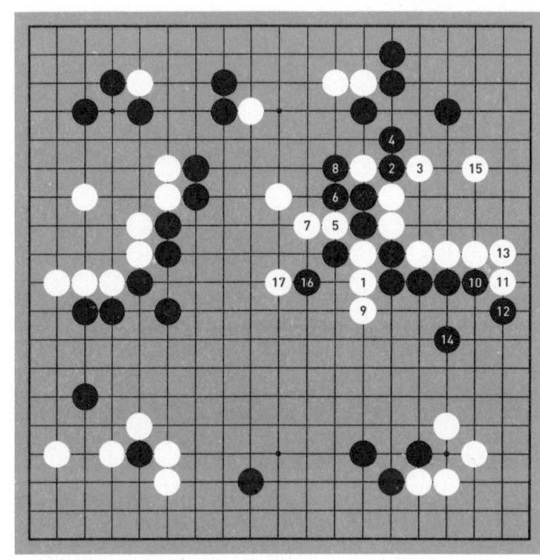

〈25도〉: 백 활발한 모양

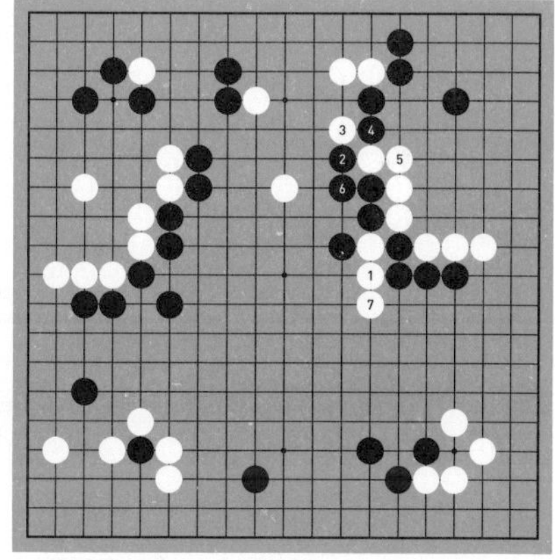

〈26도〉: 상변의 맛이 나쁘다

이 그려진다. 물론 어려운 싸움이지만 상변의 백돌을 살릴 수 있는 그림이다. 그리고 만약 〈26도〉처럼 실전과 똑같이 젖혀간다면 2단 젖히는 수가 있어서 상변의 맛을 남겨놓는 것이 가능하다.

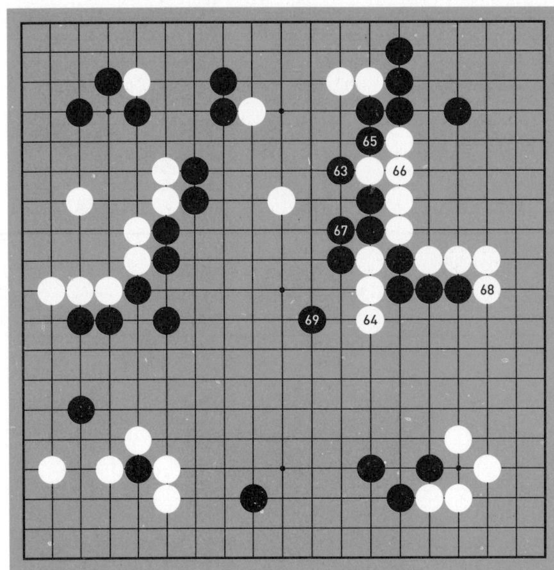

실전은 서로 정리가 되면서 바꿔치기의 그림을 그리게 되었다. 이 바꿔치기는 일견 흑의 진영이 더 커 보였다. 그래서 〈27도〉의 1을 예상하게 되었고 알파고 입장에서는 가장 안전한 수법이라고 생각했다. 하지만 2의 큰 자리를 가게 되었을 때 흑이 중앙의 폭을 줄인 만큼 3의 자리를 가야 하는데, 그렇게 되면 하변의 시한폭탄인 패싸움을 걸어갈 수 있게 된다. 그리고 팻감은 상변에 상당히 많이 있기 때문에 흑이 곤란한 진행이 될 수도 있었다. 그래서 69로 알파고는 중앙을 키워간 것이고 따라서 삭감이 시급해졌다. 이세돌 9단은 본능적으로 승부처라는 것을 느꼈는지, 얼마 남아 있지 않던 시간을 과감하게 투자했다. 전체적으로 형세판단을 해보고 작전을 구상하는 시간이었을 것이다.

나의 형세판단으로는 〈28도〉처럼 1의 자리로 들어가야 하지 않을까 생각했다. 그 정도의 삭감은 가능해야 계가가 맞춰질 것이라 판단했던 것이다. 흑이 뒤로 물러나기도 만만치 않지만 〈29도〉의 1로 물러난다고 해도 계속해서 찌르고 들어가 흑의 약점을 노려볼 수 있다.

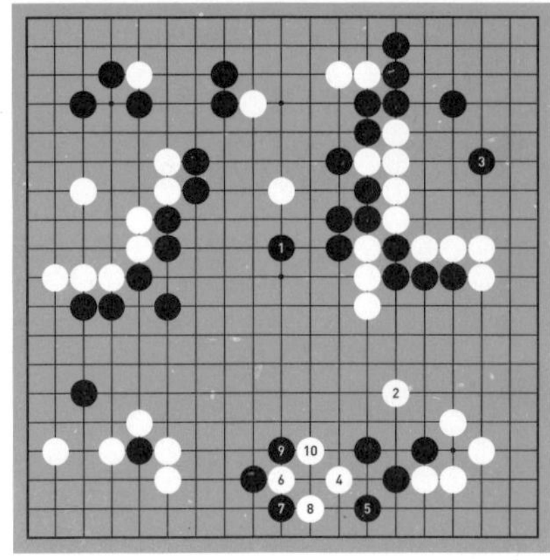

〈27도〉: 안전함과 느슨함의 사이　　　〈28도〉: 현란한 드리블

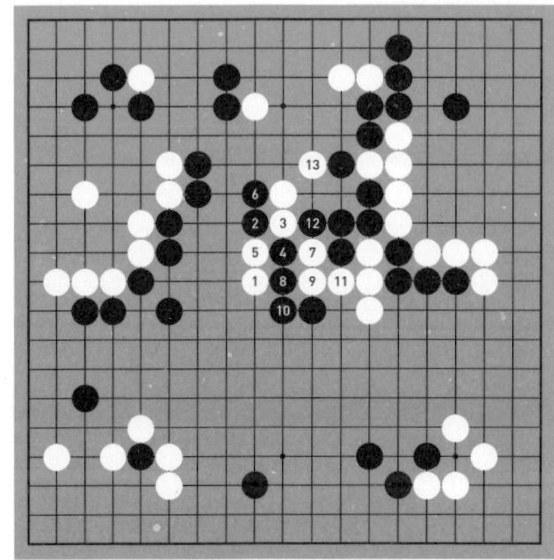

〈29도〉: 흑 걸려듦

물론 위험하지만, 성공한다면 역전이 가능하기 때문에 걸어볼만한 승부였다. 하지만 이세돌 9단은 10분이 넘는 장고를 한 뒤 나와는 다른 설계를 했다. 내가 감히 따라가기 힘든 수읽기를 하고 있었던 것이다. 그리고 이 바둑의 하이라이트 장면이 등장한다.

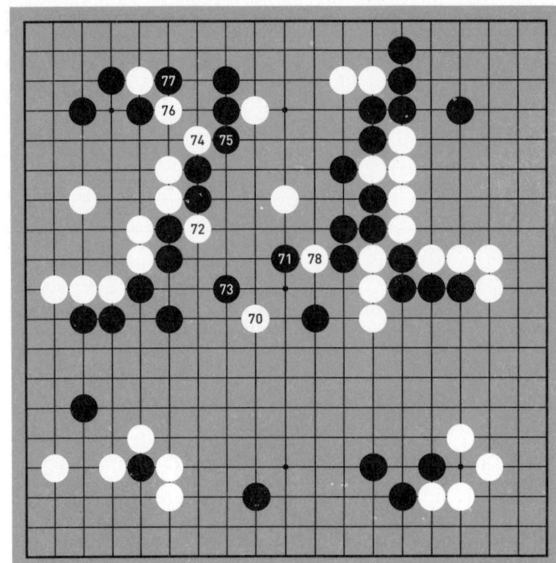

제11보 : 70~78수

70의 원만한 삭감에 알파고는 당연히 뒤로 받아주었다. 여기서 이세돌 9단은 72로 끊어 약점을 만드는 시도를 감행했다. 바둑격언에 기자절야(棋者切也)라는 말이 있는데, 바둑은 무릇 끊어야 한다는 뜻이다. '끊어야 바둑이다', '끊어야 수가 난다' 등으로 통한다. 바둑 싸움은 끊는 데서 비롯된다. 단점을 상대방에게 잇게 하면 뒷맛이 없어지지만, 끊어놓으면 설사 그 돌이 살기 어렵다 해도 한 수로는 잡히지 않고 맛이 남는다. 그러므로 끊을 수 있는 곳은 끊어놓으라는 뜻이다. 72는 승부수인 동시에 이세돌 9단의 동물적인 감각이 꿈틀거리는 한 수였다. 이 수를 두기까지는 15분의 시간을 사용했는데 78수를 두기 위한 설계를 했던 것이다.

알파고는 1분이 조금 넘는 시간을 사용한 뒤 73의 자리로 백 한 점을 포위했다. 그러자 이세돌 9단이 자세를 낮춰 바둑판을 응시했고 눈빛은 더욱 날카로워졌다. 74수, 76수의 선수교환을 하면서 알파고의 응수를 기다렸고 목이 타는지 커피 한 모금을 들이켰다.

이번 알파고와의 대결에서 이세돌 9단은 대국 중 여러 잔의 커피를 마셨는데 좀처럼 보기 힘든 장면이었다. 자신 역시 커피를 많이 마시는 것이 좋지 않다는 것을 알고 있지만 최고의 집중력을 잃지 않으려 커피를 마셨던 것이다. 이것은 2016년 1월 중국 랭킹 1위인 커제와의 몽백합배 결승 5번 승부에서 보였던 모습이었다. 반드시 이기고 싶은 승부에서 혹여 자신의 몸에 좋지 않은 결과를 가져온다고 하더라도 커피를 계속해서 마시며 집중력을 유지하고 싶은 마음이었을 것이다. 그 때는 30분에 한 번씩 커피를 리필해달라는 주문을 했다고 한다.

알파고는 1분의 시간을 사용하고 77로 받아두었다. 이 시각 이세돌 9단의 시간은 고작 12분밖에 남지 않았고 알파고는 1시간 15분이 남아 있는 상황이었다. 형세도 어렵고 시간적 여유도 없는 최악의 상황이었다. 이세돌 9단은 남은 12분 중 6분의 시간을 사용하고 반상위에 78수를 떨어뜨렸다. 나는 순간 전율했고 이세돌 9단의 라이벌인 중국의 구리 9단은 신의 한 수라고 표현했다.

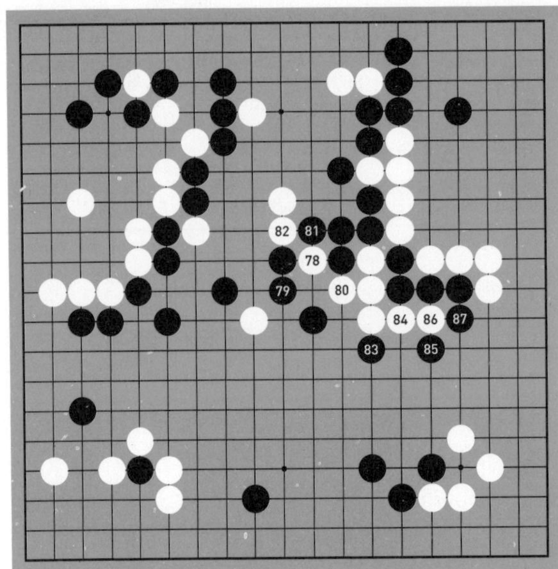

나는 다른 수순을 그려봤지만 바로 끼워가는 수는 예상하지 못했다. 알파고는 상대가 78수의 자리를 두어올 확률이 10000분의 1이라고 계산했다고 한다. 한 마디로 전혀 예상하고 있지 않았다는 뜻인데, 그럼에도 불구하고 79수의 선택은 너무나도 빨랐다.

구글 측에서 밝혔듯이 알파고가 87수를 둘 때 79수가 실수라는 것을 알았다고 한다. 그럼 이 장면에서 어떤 수읽기가 숨어 있었을까? 먼저 30도의 그림을 본다면 이세돌 9단의 수읽기를 따라갈 수 있다. 8로 끊어가며 흑 두 점을 잡아낼 수 있다. 하지만 〈31도〉의 그림을 보자. 6으로 단수를 칠 때 가만히 7로 잇는 수가 숨어 있었다. 그렇다면 백은 갇히게 되는데, 안에서 살기는 어려웠을 것이다. 78수에 방어책은 있었지만 나 역시 이세돌 9단의 평생 라이벌 구리 9단이 말한 것처럼 78수는 신의 한 수라고 생각한다.

예를 들어 모든 슈팅을 예상하고 막아내는 골키퍼가 있다고 하자. 그런 골키퍼가 막아내지 못한 슈팅을 어떻게 평가할 것인가? 78수는 그런 슈팅이었다. 모든 수를 예측하고 해결책을 만들어내는 알파고도 78수를 막지 못했다. 78수로 인해 이세돌 9단에게 불리했던 흐름은 서서히 바뀌었다. 알파고의 승률 기대치는 그 이전까진 70% 정도였

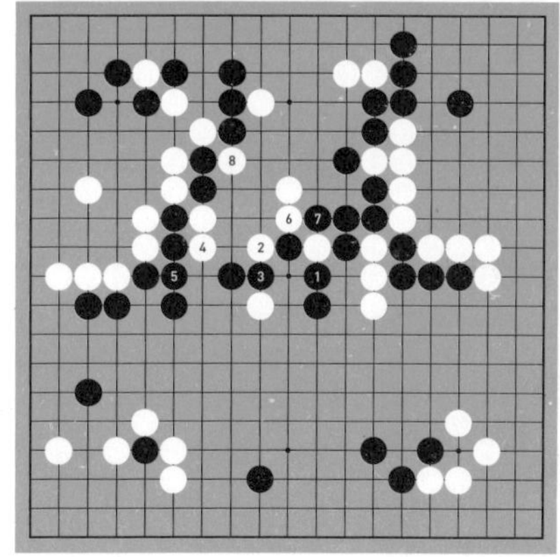

30도 : 흑 진영 초토화

〈31도〉: 방어책은 있었다

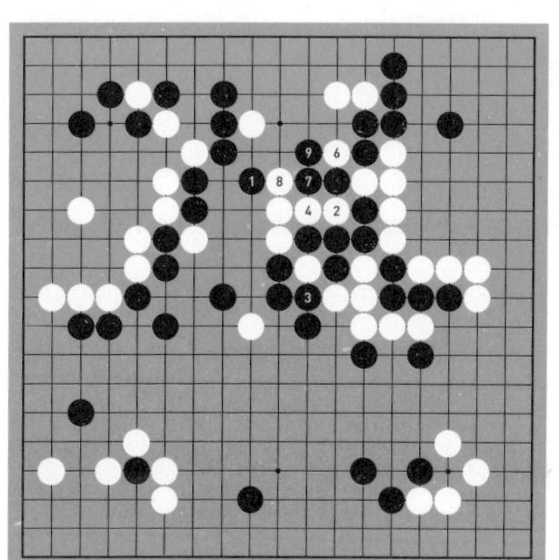

〈32도〉: 별로 신통할 게 없다

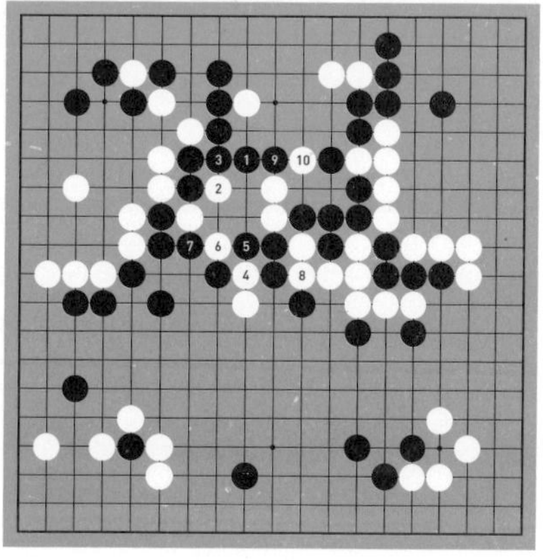

〈33도〉: 치명적인 노림

지만 78수 이후 급격히 줄어들었다.

해설 당시 87수는 〈32도〉처럼 물러나야 한다고 생각했다. 수가 나지 않는다면 아직은 흑이 남는 형국이지 않을까? 하지만 복기를 통해 〈33도〉의 숨은 그림을 찾을 수 있었다. 1로 지키더라도 전혀 다른 방향에서 수단을 구할 수 있었던 것이다. 이세돌 9단과 알파고는 이런 변화를 모두 파악했고 흑은 이 선택으로 벼랑 끝에 몰리게 되었다.

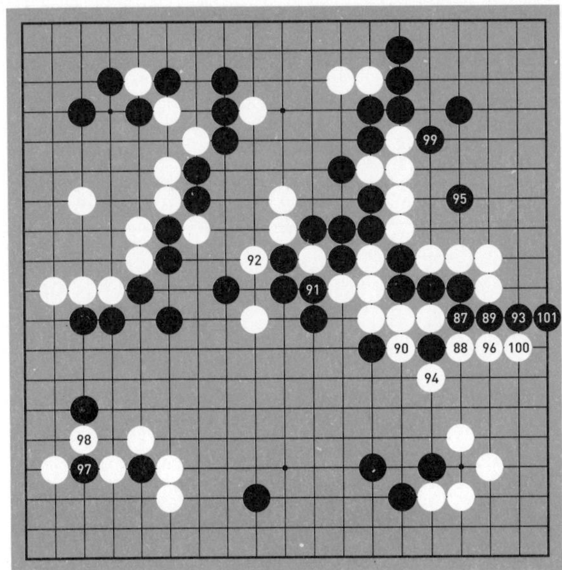

실전에서 알파고는 87수로 변화를 구했지만 이세돌 9단의 대응은 완벽했다. 90수를 두면서 이세돌 9단은 초읽기에 몰리게 되었다. 이제부터는 1분 안에 착수를 해야 한다. 초읽기는 흔히 저승사자의 강림이라고 말할 정도로 승부사에게는 천적이며 치명적인 약점이 될 수 있다. 보통 프로기사들이 저지르는 실수의 90%는 초읽기 상황에서 발생한다.

알파고를 상대로 이제야 간신히 역전의 흐름을 만들었는데 야속하게도 초읽기에 몰리게 된 것이다. 지금부터는 초인적인 집중력을 발휘해서 미세한 우세를 지켜나가야 한다. 단 한 번의 실수만 나와도 이세돌 9단은 재역전을 당할 수밖에 없는 상황이다.

그런 아슬아슬한 상황에서 등장한 97수. 나는 또다시 깜짝 놀랄 수밖에 없었다. 명백한 손해수가 나온 것이다. 이세돌 9단 역시 크게 놀랐고 고개를 갸웃거리며 뒷목을 잡았다. 그리고 정말 거기에 둔 것이 맞는지 컴퓨터 화면을 보며 다시 한 번 확인했다. 그래도 끝까지 의미를 찾고 1초를 남긴 상황에서 흑 한 점을 잡아갔다.

하지만 알파고의 오류는 여기서 끝이 아니었다. 바로 등장한 101수. 이세돌 9단의 표정은 또다시 바뀌어갔다. 실로 어처구니없는 일이 연이어 벌어지고 있는 것이었다. 이것은 바둑이 아니었다. 그리고 나는 이 수들을 해설할 수 없었다. 알파고의 버그라고밖에 할 말이 없었고 그동안 알파고의 완벽한 모습을 지켜본 우리는 이해할 수 없는 일이 벌어지고 있는 상황에 당혹감을 감추지 않았다.

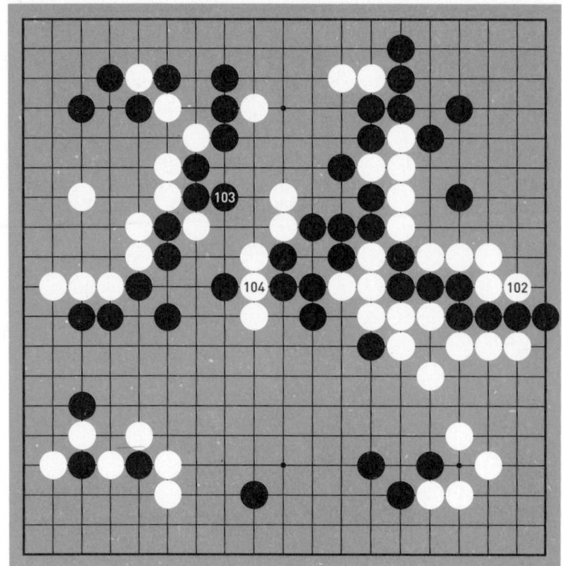

컴퓨터에게 이런 표현이 적절치 않겠지만 알파고는 103수를 두면서 냉정을 찾아갔다. 그리고 나는 〈34도〉를 그려보며 끝내기 싸움이 될 가능성이 높아졌다고 판단했다. 물론 〈34도〉는 백이 아주 쉽게 처리한 장면이었다.

〈35도〉를 보자. 6의 코 붙임은 흑 대마에게 치명적인 급소가 된다. 하지만 성급하게 두어간다면 역공을 맞아 중앙 백돌들이 오히려 잡히게 된다. 그렇기 때문에 〈36도〉의 6을 두면서 봉쇄와 급소를 노려가는 것이 좋다. 봉쇄를 피하기 위해서 반발을 한다면 흑 대마가 위험해지고 바로 승부가 끝나게 된다.

흑은 〈37도〉의 그림처럼 흑 대마의 수습을 신경써야 한다. 그 과정에서 백은 두터워지고 하변의 흑 진영은 바람 앞에 등불이라 볼 수 있다. 그래도 실리의 균형을 맞추기 위해서는 이런 진행을 가야 했다.

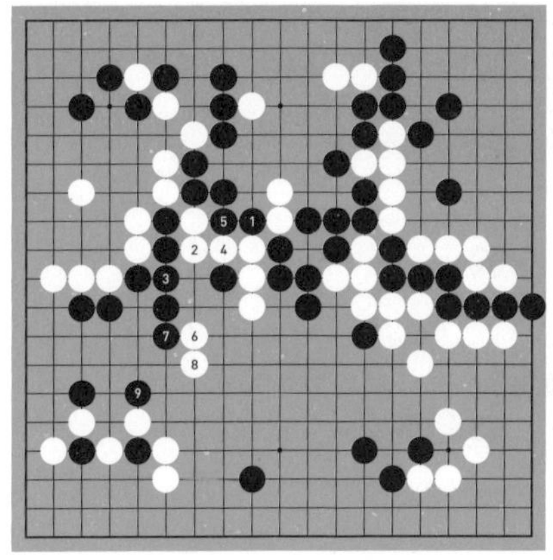

〈34도〉: 흑 안정

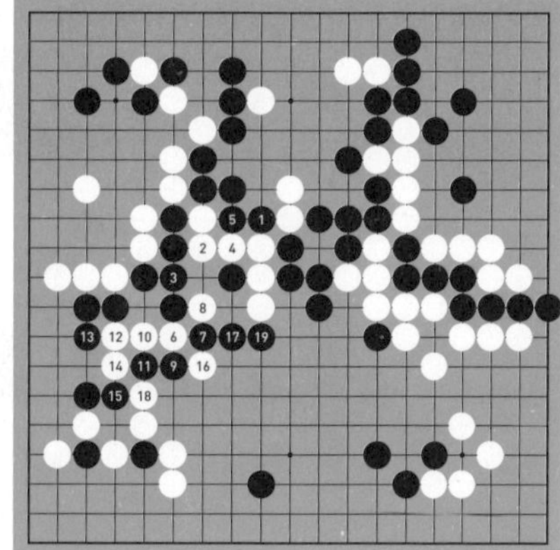

〈35도〉: 백 무리

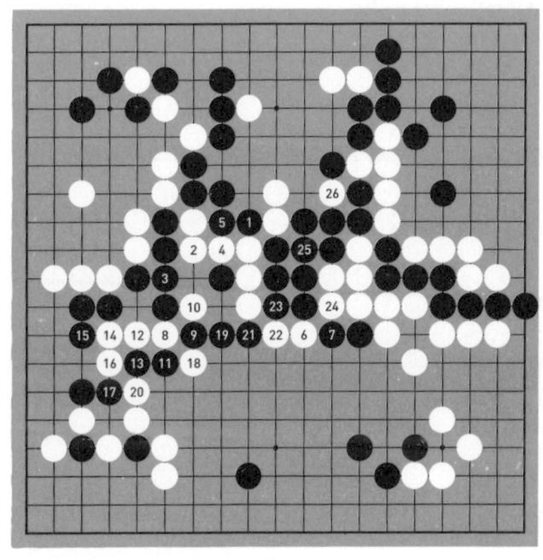

〈36도〉: 흑 전멸

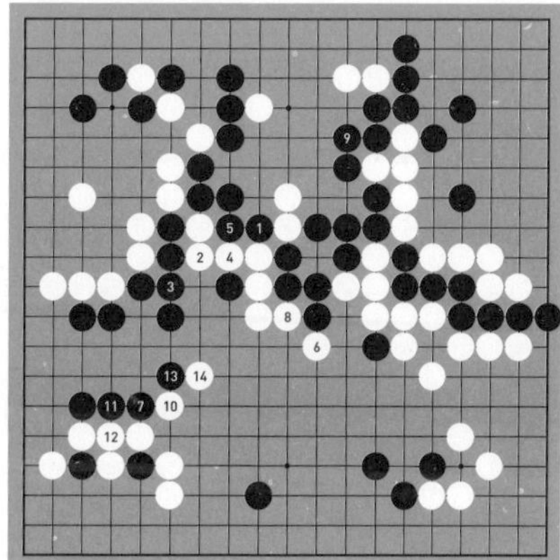

〈37도〉: 백 우세

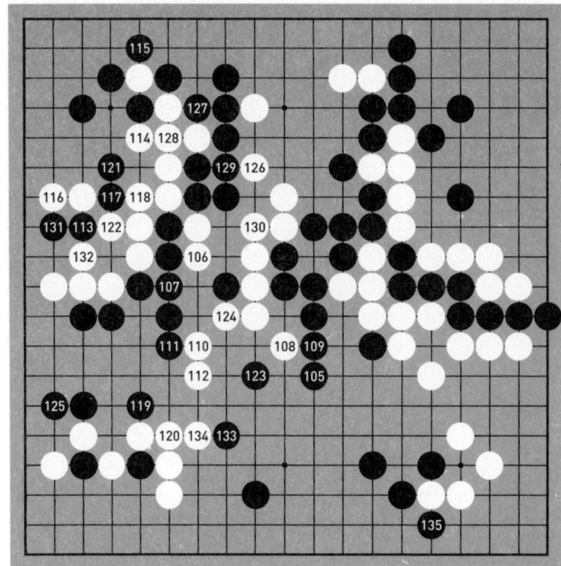

105수가 등장하자 나는 이세돌 9단의 승리를 점칠 수 있었다. 그 이유는 108수의 징검다리를 흑 스스로 만들어줬기 때문이다. 그리고 110을 착수하는 이세돌 9단의 손길을 보며 승리를 확신할 수 있었다. 우리들이 흔히 말하는 맞보기에 걸린 것이다. 좌변의 흑 대마와 상변의 백돌의 생사가 맞보기가 되었다. 쉽게 말해서 알파고가 좌변을 수습할 때 이세돌 9단은 선수를 잡아 상변 백돌을 타개한다면 승리할 수 있다는 것이다.

나와 이현욱 8단 그리고 김여원 캐스터는 흥분하기 시작했다. 절대 이길 수 없다고 느껴졌던 알파고를 이세돌 9단의 승리 확률이 90% 이상으로 높아진 것이다. 지금 상황에서 알파고의 승률 기대치가 무척 궁금해졌다. 항상 50% 이상의 승률 기대치를 가지고 있는 알파고의 여유로운 손길만을 느끼다가 당황스러워하는 알파고의 수법을 보니 무언가 인간적이라는 느낌마저 들게 되었다. 그렇다. 알파고는 신이 아니었다. 알파고도 그저 인간이 만들어낸 컴퓨터 프로그램에 불과했던 것이다. 물론 아주 똑똑한 컴퓨터임은 확실하지만 말이다.

110수의 공격에 알파고는 113수라는 응수타진을 보여줬다. 마치 이세돌 9단이 초읽기에 몰린 상대를 괴롭힐 때 등장하는 흔들기가 연상되었다. 하지만 아직은 방심할 국면이 아니었다. 알파고는 여전히 좌변 흑 대마를 살려두고 있었다. 그러나 대망의 큰 곳인 126의 자리를 예상대로 이세돌 9단이 차지하면서 여전히 우세를 지켜나갔다.

알파고는 귀신같은 끝내기를 보여줬다. 아마 내가 백이었다면 역전 당하지 않았을까 하는 생각이 들 정도로 수순을 비틀어갔고 이세돌 9단을 괴롭히고 있었다. 135수가 바로 그것이다.

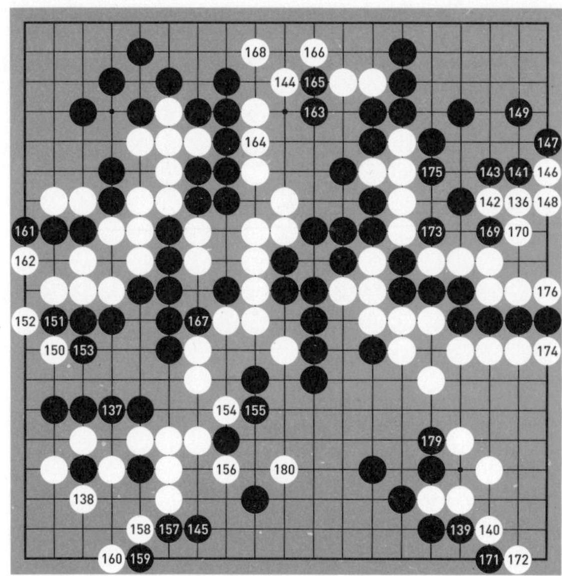

다른 큰 자리가 많다고 생각했는데 역 끝내기를 하면서 알파고는 버텨갔다. 그리고 141로 붙여가자 나는 순간 맞보기에 걸린 줄 알았다. 〈38도〉를 본다면 상변의 1의 자리는 상당히 큰 자리다. 하지만 흑이 둔 2의 자리도 그에 못지않게 큰 자리라서 어쩌면 미세한 진행으로 갈 수도 있겠다는 생각이 들었다. 그러나 이세돌 9단은 1분이라는 시간 안에 142수를 발견했다.

나는 이 수를 침착한 승착이라고 말하고 싶다. 물론 아주 어려운 수는 아니지만 상변에 큰 곳이 남아 있는 상황에서 침착하게 좋은 끝내기 수순을 찾아낸 것이다. 〈39도〉의 그림처럼 흑이 상변의 백돌을 잡아간다면 백도 우상귀의 선수 끝내기를 할 수 있다. 그리고 마지막 큰 자리인 하변을 둘 수 있기 때문에 이세돌 9단의 승리 코스였다.

알파고는 끊임없이 흔들어갔지만 이세돌 9단의 정확한 응수에 막혔기 때문에 163수, 167수 등 요행을 바라는 수까지 등장하게 되었다. 알파고 역시 승리에 대한 집념이 강했던 것일까? 인공지능에게도 의지라는 것이 있을까? 마치 풀 수 없는 문제를 해결하기 위해 안간힘을 쓰는 듯했다.

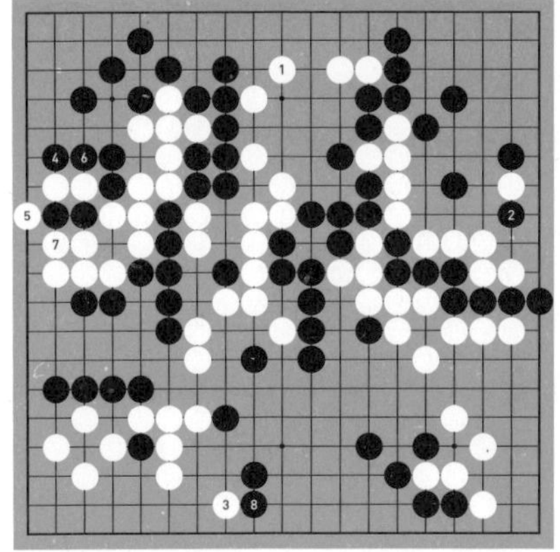

〈38도〉: 흑 추격

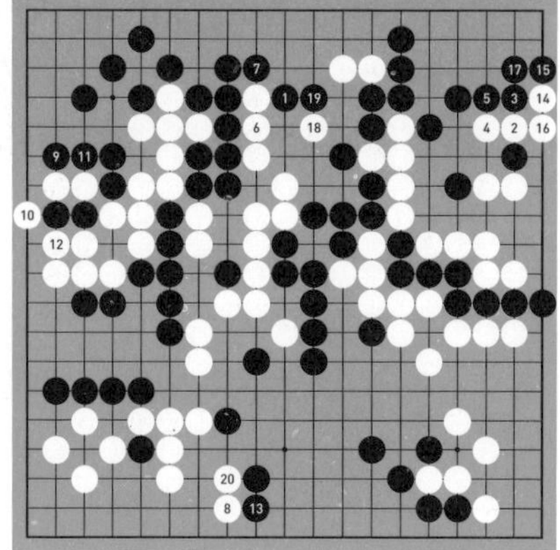

〈39도〉: 백 승리 코스

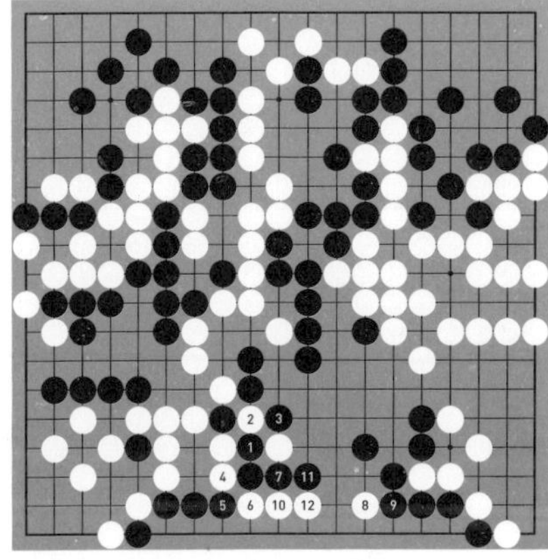

〈40도〉: 결정타

반면 이세돌 9단은 끝내기 과정에서 무아지경에 빠진 듯 보였다. 절대 이 바둑을 역전 당하지 않겠다는 의지가 느껴졌고 마지막까지 집중력은 떨어지지 않았다. 반상 위에 180수가 떨어졌다. 결정타였다. 이세돌 9단과 알파고는 〈40도〉의 그림을 보고 있었고 알파고는 패배를 시인할 수밖에 없었다. 팝업창에 'AlphaGo resigns'라는 메시지가 등 장했고 대리인 아자황이 투석을 했는데 이세돌 9단은 바로 알아차리지 못했다.

몇 초가 흘렀을까. 그제야 이세돌 9단은 알파고가 기권한 것을 알아챘다. 이세돌 9단은 비로소 무아지경에서 빠져나온 모습이었다. 대국이 시작된 지 4시간 40분이 지났을 무렵이었다.

나는 순간 가슴이 벅차 올라왔다. 1국부터 3국까지 느껴야 했던 숱한 좌절과 허무함, 회의감은 눈 녹듯 사라지고 나의 가슴속엔 '감동'이라는 두 글자만 남게 되었다. 억눌려왔던 나의 부정적 감정이 치유됨을 느꼈고 비로소 웃을 수 있었다. 나뿐만 아니라 이세돌 9단의 승리를 염원했던 모두가 울고 웃었다. 아자황은 이세돌 9단을 존경하는 눈빛으로 바라봤고 역시 대국장에서 함께했던 판후이 2단은 엄지손가락을 치켜들며 이세돌 9단에게 축하 메시지를 전달했다. 이세돌 9단은 간단한 복기를 마치고 가벼운 발걸음으로 기자회견장으로 이동했다.

4국이 끝나고 나서

또 한 번의 패배를 예감했다. 아니 몇 번을 두더라도 결과는 같을 것이라 생각했다. 알파고는 강력했고 완벽에 가까운 모습을 3국까지 보여줬기 때문이다. 바둑계 모든 사람들은 패배의식에 젖어 있었고 알파고에 대한 두려움은 극에 달해 있었다. 그러나 단 한 사람, 이세돌 9단은 다른 생각을 하고 있었다. 알파고와의 승부에서 이기기 위한 고뇌는 어느 때보다 깊었고 그 과정에서 해답을 찾고 이길 수 있다고 스스로를 믿었던 것이었다.

이창호 9단의 전성기 시절이었다. 전무후무한 업적을 남기며 신산이라는 별호를 얻게 되었고 나를 비롯한 80년대 프로기사들의 우상이었다. 그 당시 나는 이창호 9단을 존경하고 그런 이창호 9단의 수법을 공부하고 따라 두었다. 그것이 최선이라는 믿음과 함께. 그리고 이창호 9단에게 이긴다는 상상은 더욱 하기 힘들었다. 하지만 그 당시에도 이세돌 9단은 달랐다. 존경은 하지만 이길 수 없는 상대라는 생각은 하지 않았던 것이다. 물론 지금까지도 이창호 9단과 이세돌 9단의 통산 상대전적은 35승 31패로 이창호 9단이 앞서 있다.

그러나 놀라운 점은 이세돌 9단은 아무리 강한 상대라도 이길 수 있다는 자신감으로 무장되어 있다는 것이다. 그 상대가 누구라도 말이다. 아마 바둑의 신이 있다고 하더라도 본인이 이긴다는 자신감으로 덤벼들 것만 같았다. 그런 모습은 이번 알파고와의 대결에서도 사라지지 않았다. 그리고 그 자신감은 알파고와의 4번째 대결에서 증명되었다. 정말 염원했던 승리였다.

1국 때만 하더라도 알파고를 몰랐기 때문에 가벼운 승리를 예상했었다. 하지만 생각보다 알파고는 강했고 2국과 3국이 진행되면서 도저히 이길 수 없는 상대라는 생각이 뿌리 깊게 박혀버렸다. 그래서인지 주위에선 흉내바둑을 두어야 하지 않을까라는 의견도 나오고 있었다. 그러나 흉내바둑은 자신의 바둑을 두는 것이 아니라 상대방의 수를 모방하는 것이다. 이세돌 9단은 설사 바둑의 신과 두더라도 흉내바둑을 두지 않을 것이라는 확신이 있었고 나는 그렇게 대답을 했다.

이세돌 9단은 바둑의 본질은 즐기는 것이라고 말했다. 그런 그가 상대방의 수를 따라두는 것이 과연 재미있을까? 전혀 설레지 않고 스스로 부끄럽다고 여길 것이다.

박수와 함께 기자회견장을 들어온 이세돌 9단은 이제야 환하게 웃을 수 있었다.

"3연패를 당하고 1승을 한 것뿐인데 이렇게 기쁠 수가 없습니다."

그리고 이어서 전에 거두었던 승리, 그리고 앞으로 있을 어떤 승리와도 바꿀 수 없는 소중한 1승이라고 말했다. 활짝 웃는 모습을 보니 이제야 내가 알던 이세돌 9단으로 돌아온 것만 같았다. 알파고의 아버지 데미스 하사비스와

현장 해설을 맡은 마이클 레드먼드 9단과 송태곤 9단도 축하 메시지를 전했다. 그리고 현장에 있던 모든 기자들이 환호성을 질렀다. 마치 우주 괴물을 무찌르고 돌아온 영웅을 환호하는 분위기였다.

이 한 판의 승리는 상당히 많은 의미를 가지고 있었다. 그 중 가장 큰 의미는 알파고에게 이길 수 있는 가능성을 열어두었다는 것이다. 만약 0:5로 패배했다면 알파고는 넘을 수 없는 존재가 되는 것이며 알파고에게 이길 수 있는 가능성은 제로에 가까워진다. 하지만 4국의 승리로써 20%라는 가능성을 남기게 되었다. 그것은 앞으로 우리가 알파고를 막연히 두려워하지 않아도 된다는 뜻이고 또한 우리가 자신감을 가질 수 있는 원동력으로서 의미 있는 1승이었던 것이다.

이세돌 9단의 도전은 여기서 끝나지 않았다. 최종국인 5국은 돌가리기를 통해 흑 백을 정한다. 알파고의 승률 기대치는 흑보다 백이 52%로 높았다. 그렇기 때문에 백을 들고 두었을 때 알파고의 능력은 극대화된다. 그것을 잘 알고 있음에도 이세돌 9단은 본인이 흑을 들고 두고 싶다고 제안했다. 복기를 통해 '알파고의 백번은 정말 강하다'고 말했던 이세돌 9단은 무결점인 백을 든 알파고를 이기고 싶었던 것이다. 구글 딥마인드 CEO 데미스 하사비스는 흔쾌히 수락을 했고 5국의 흑과 백은 결정되었다. 이런 승부사적인 모습이 지금의 이세돌 9단을 만들지 않았을까? 이세돌 9단은 도전하고 다시 도전하고 마지막까지 도전했다.

이세돌 9단의 승리로 며칠간 잠 못 이룬 새벽시간에 나의 눈은 감기고 있었다.

제5국

인간 이세돌의 아름다운 도전

GOOGLE DEEPMIND CHALENGE MATCH 5th

2016. 03. 15

○ 이세돌

● 알파고

| 280수 끝, 백불계승 |

상식 파괴자
이세돌 9단

2016년 3월 15일. 이세돌 9단과 알파고의 마지막 5번째 대국이 서울 포시 즌스 호텔에서 펼쳐졌다. 4국에서 승리하기 전과는 사뭇 다른 공기가 대국장에 흐르고 있었다. 이세돌 9단 스스로도 자신감을 많이 끌어올린 상태였고 4국 때 멋진 승리를 보여준 이세돌 9단이 또다시 승리할 수 있지 않을까 하는 기대 어린 시선이 많았다. 4국 기자회견 때 흑으로 두고 싶다는 이세돌 9단의 용기에 모두가 감탄했고 만약 승리로 이어진다면 희대의 사건으로 기록될 것이다. 그 이유는 인공지능을 상대로 3연패 후 2연승을 한다는 것은 인공지능의 약점을 완벽히 파악했다는 뜻이 되고 비록 알파고가 3승 2패로 승리를 가져가지만 결코 인공지능이 인간을 추월했다고 말하기 힘든 상황이기 때문이다.

이세돌 9단은 예전부터 남들이 만든 상식을 고정관념이라고 생각했다. 물론 지금에 와서는 나도 이세돌 9단의 영향을 받았을까, 상식이라고 정의를 내리기 전에 다른 관점으로 바라보는 습관이 생겼다.

어느 날 이세돌 9단 등과 함께 여럿이 등산을 하러 갔었다. 그런데 우리는 깜짝 놀랐다. 이세돌 9단이 양복 차림에 구두를 신고 온 것이다. 아마 시상식 내지는 행사가 있었던 모양이다. 우리 모두는 그 모습에 놀랐고 어느 사범님은 이렇게 말했다.

"아니 그 복장으로 등산할 수 있겠어?"

이세돌 9단의 대답은 의외로 당당했다.

"이걸로도 충분합니다."

막상 등산을 시작하자 이세돌 9단은 누구보다도 빨리 올라갔다. 아니 날아갔다는 표현이 더 적절하지 않을까 싶을 정도였다. 나 역시 등산에 자신 있었던 시절이었는데 도저히 따라갈 수가 없었다. 마치 축지법을 쓰며 올라가는 것처럼 느껴졌다. 나의 상식으로는 등산복에 등산화를 신고 올라가야 제대로 등산을 할 수 있다고 여겨왔는데, 이세돌 9단은 상식파괴자였다. 이 일을 계기로 나는 평소에 너무 고정관념에 갇혀 있던 것이 아닐까 하는 의문을 갖게 되었다. 그리고 독특한 행동을 하는 사람들은 모두 천재가 아닐까 하는 생각에 이르게 되었다. 나는 이런 이세돌 9단의 마인드와 성향이 그를 최고로 만들었다고 생각한다.

특히 바둑에서 고수가 될수록 가장 위험한 것은 고정관념이다. 그것은 자신의 어깨를 짓누르는 짐이 될 것이고 끝내 벗어나기 힘들어진다. 바둑에서는 자신만의 수법, 자신만의 창의력을 발휘해야만 상대방을 이길 수 있고, 초일류가 될 수 있다. 알파고의 승률 기대치는 백이 52%로 더 높다. 그리고 실제로 백을 들고 두는 알파고의 모습은 약점이 잘 보이지 않았다. 그런 사실이 분명히 드러난 상황에서도 이세돌 9단은 알파고에게 백을 양보했고 이기기 힘든 싸움을 자청했다. 이세돌 9단의 끊임없는 도전정신이 발휘된 것이다.

5국은 장혜연 캐스터와 함께 SBS에서 해설을 맡게 되었다. 사실 전날 모처럼 가족여행을 갔었는데 갑작스러운 섭외 전화가 와서 다시 서울로 올라가야 했다. 가족에게는 미안하지만 이세돌 9단과 알파고의 대결을 해설하는 것은 의미도 크고 개인적으로 재미있기에 가족들에게 양해를 구했다.

5국은 바둑TV뿐만 아니라 공중파3사, 종합편성채널 등 많은 방송사에서 중계방송을 했고 대국 현장인 포시즌스 호텔은 발 디딜 틈 없이 많은 취재진이 몰렸다.

심판을 맡은 이다혜 4단의 대국 개시선언과 동시에 이세돌 9단의 첫 번째 수가 바둑판 위에 떨어졌다. 이세돌 9단은 4국이 끝나고 박정상 9단, 백홍석 9단과 함께 마지막 대국의 승리를 위해 함께 연구했다. 승리에 취하기는커녕 끝까지 칼을 가는 모습을 보여준 것이다. 그리고 고민 끝에 최근 가장 많은 연구가 되어있는 1.3.5 포석을 쓰기로 결정했고 실제로 그 포석을 들고 나왔다.

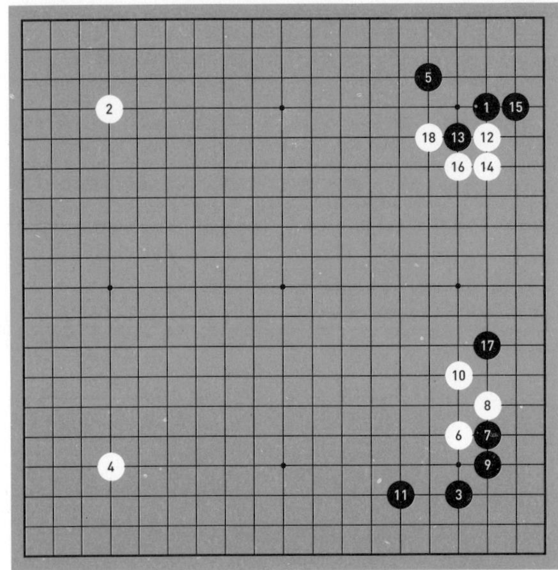

1.3.5 포석은 가장 안정적이며 실리적인 포석이다. 최근에 더욱 많은 연구가 거듭되고 있는 포석인데 '알파고가 최신 데이터까지 학습했을까?'라는 궁금증이 생겼다. 그 궁금증은 알파고의 12수로 인해 해결되었다. 12수는 최근에 연구를 통해 등장한 수법이기 때문에 알파고는 최신 데이터까지 학습한 것이라 생각할 수 있었다.

프로기사들이 보통 〈1도〉의 수법을 많이 선택하는데, 알파고의 16수는 전투를 갈망하고 있었다. 이번 대국이 끝나고 연구한 끝에 '〈2도〉의 진행이 유력하다'는 의견이 나오고 있다. 〈2도〉의 1과 2의 교환은 실전과 비교했을 때 분명히 이득으로 작용하고 있었다.

16수의 도발을 이세돌 9단이 피할 이유는 없었다. 17수로 대응했고 한바탕 전투가 벌어질 것이라 예상했다. 〈3도〉의 그림은 프로시합에서도 자주 등장한 모양이다. 그런데 전혀 상상하지 못한 알파고의 18수가 반상 위에 떨어졌다. 이세돌 9단은 놀란 표정을 지었다. 왜냐면 백돌을 압박해갔는데 알파고가 능청을 떨었기 때문이었다. 마치 치킨 게임을 하듯 이세돌 9단과 알파고는 피하지 않고 자신이 갈 길을 밀고나가고 있었다.

이세돌 9단은 대국을 할 때 표정을 잘 드러내지 않는다. 자신의 감정을 표정으로 드러

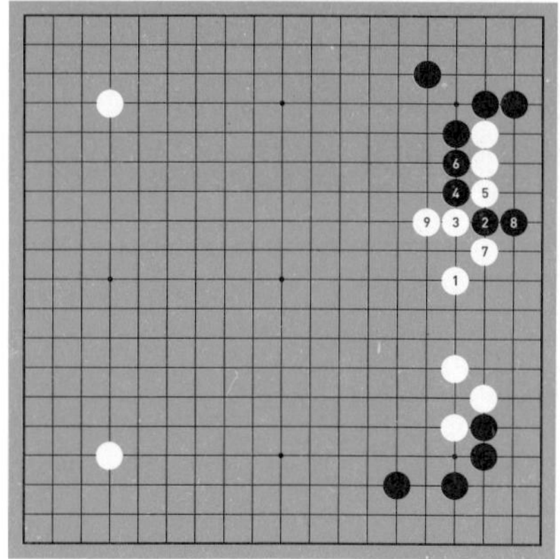

〈1도〉 : 무난한 진행

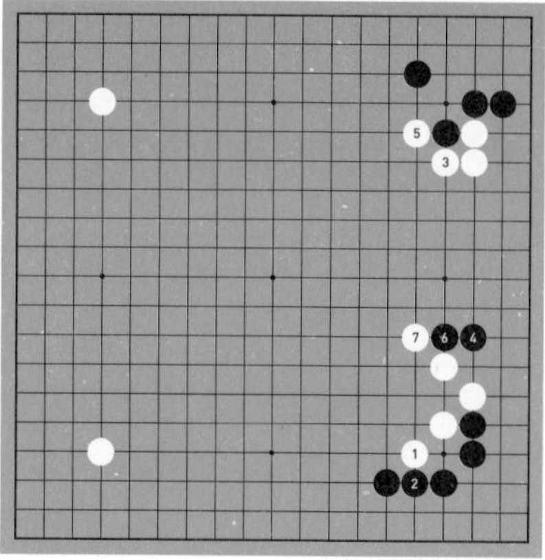

〈2도〉 : 유력한 최신연구

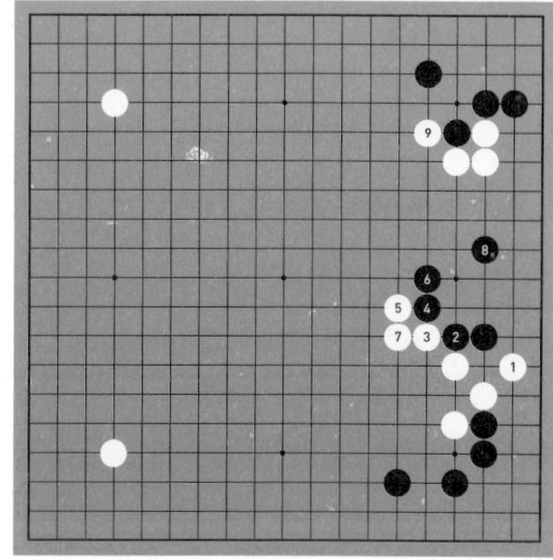

〈3도〉 : 실전 사례

낸다면 상대방은 눈치 챌 것이고 그것은 결국 자신에게 불리하게 작용한다. 그렇기 때문에 승부사들은 보통 대국할 때는 포커페이스를 유지한다. 하지만 알파고와의 대국은 마음 놓고 자신의 감정을 드러내도 괜찮았다. 알파고의 수를 바라보는 이세돌 9단의 감정을 함께 느낄 수 있었고 그의 표정은 무척 흥미로웠다. 그러나 그런 표정은 찰나의 순간 지나갔고 곧바로 비장한 표정으로 돌아왔다.

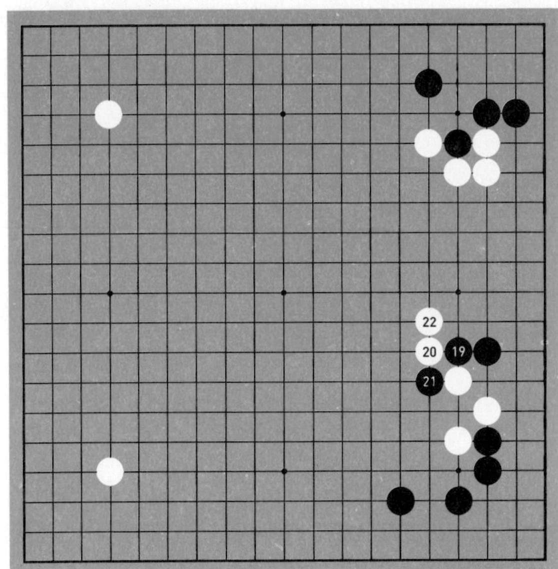

이세돌 9단은 19수로 밀어갔다. 기세였고 어쩌면 당연한 선택이었다. 21수는 바깥으로 젖혀가는 생각도 할 수 있었다. 알파고도 22로 늘어가며 두터움을 쌓을 준비를 했다. 기존에 없던 새로운 형태가 등장하면서 미지의 세계로 빠져들기 시작했다.

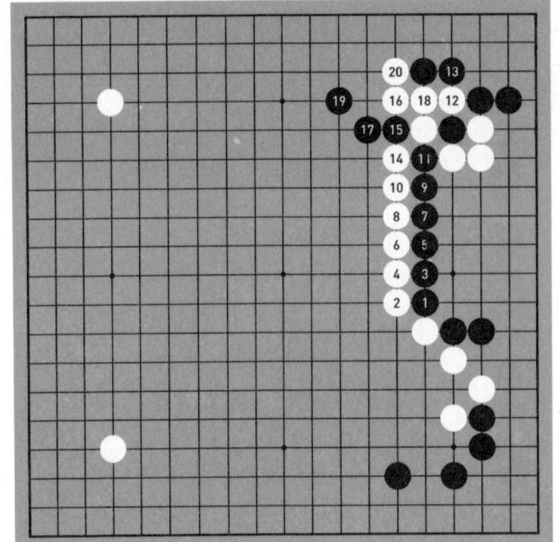

〈4도〉 : 백 위풍 당당

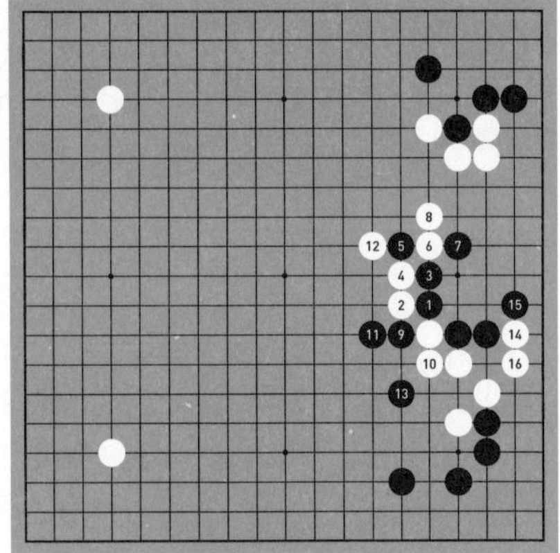

〈5도〉 : 흑이 부담되는 전투

〈4도〉의 1로 젖혀간다면 백도 기세의 이단젖힘을 선택할 것이다. 계속된 밀어붙임을 강행하더라도 백돌은 수습이 가능한 모습이다. 〈5도〉는 백이 편한 싸움으로 보인다.

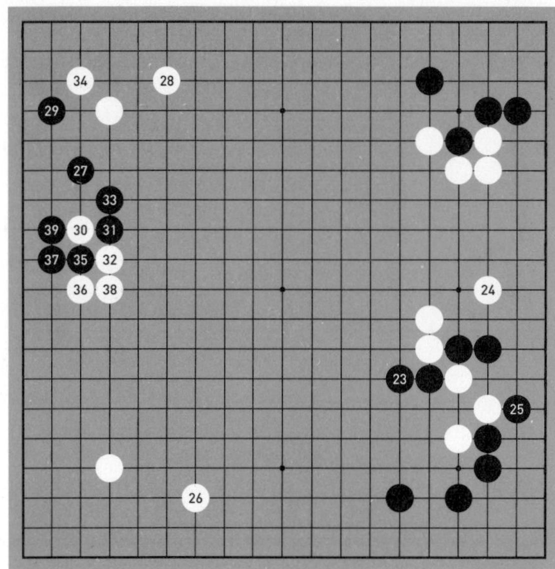

23수는 〈6도〉의 그림도 연구되고 있다. 흑백 간에 서로 불만이 없는 진행으로 보인다. 알파고의 26수는 상당히 큰 곳이었다. 흑의 모양을 견제하고 자신의 귀를 굳히는 빛나는 자리였다. 나는 27수는 〈7도〉의 응수타진을 할 타이밍이라고 생각했다. 만약 흑 한 점을 축으로 잡아준다면 축머리 활용도 가능하고 실전처럼 백이 중앙을 씌워왔을 때 바로 젖혀서 응수할 수 있었다. 그러한 궁금증을 해결하기 위해 이세돌 9단에게 '응수타진을 했다면 어땠을까'라고 물어봤더니 〈8도〉의 그림을 보여줬다. 손을 빼는 것이 싫었다는 것이다. 나로서는 상상도 하지 못한 그림이었다. 좋고 나쁨을 떠나 이세돌 9단의 생각이 상당히 유연하다는 느낌을 받았다.

이세돌 9단은 '31수로 〈9도〉의 그림으로 두어야 했나?'라는 의문을 가지고 있었다. 철저히 실리를 챙겨가고 9의 자리로 머리를 내밀어 괜찮은 그림으로 봤던 것이다. 그러나 나는 실전의 선택이 나빠 보이지 않았다. 실리는 이미 충분하기에 중앙에 대한 견제가 필요하다고 생각하기 때문이다.

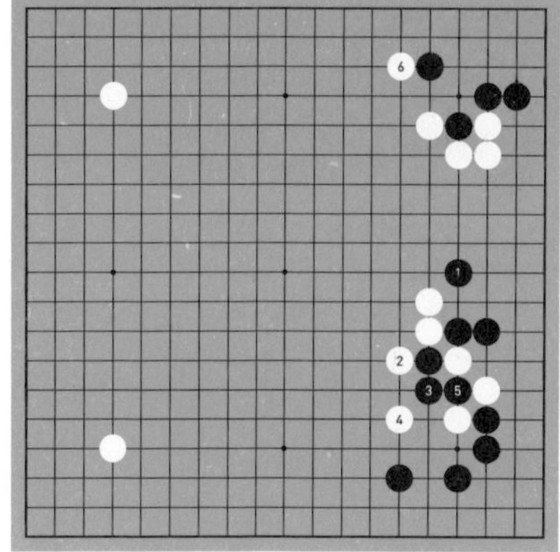

〈6도〉 : 또 다른 연구

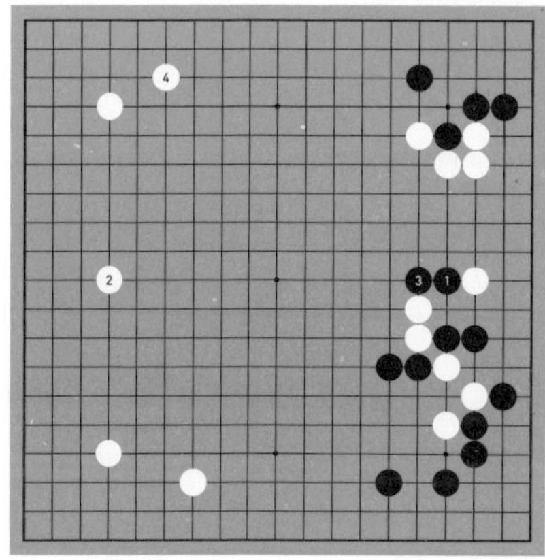

〈8도〉 : 고정관념 파괴

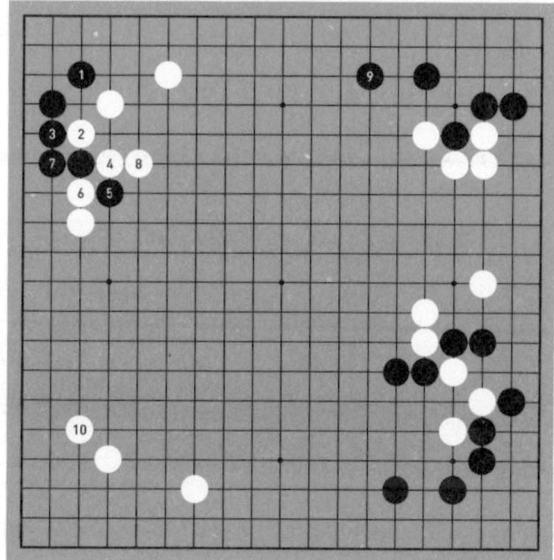

〈7도〉 : 날카로운 선수교환

〈9도〉 : 극단적인 실리전법

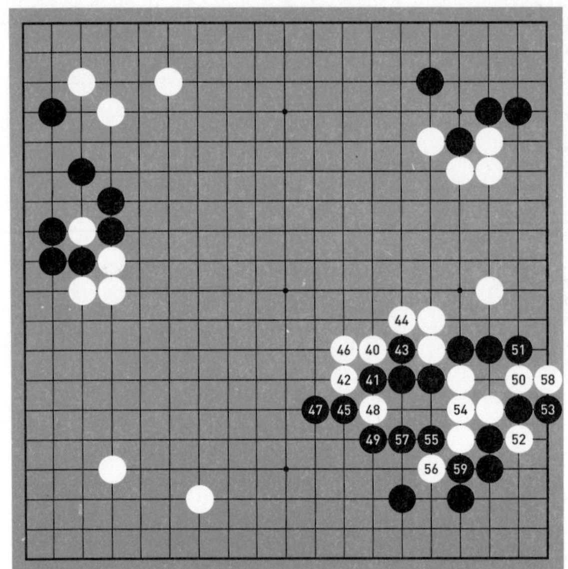

알파고는 40수를 두며 노골적으로 중앙 경영을 선언했다. 상당히 좋은 자리였고 나의 예상과도 같았다. 하지만 나는 42수까지 예상하지는 못했다. 보통의 행마는 아니었는데 알파고는 〈10도〉의 그림을 그리고 있었던 것이다. 보통 3의 자리를 돌파당하는 것이 아프기 때문에 고려하지 않는 수법이지만 지금은 10까지 두어 하변의 모양을 키워나가는 진행이 제격이었다. 알파고의 의도를 간파한 이세돌 9단은 약간은 악수지만 43수의 교환을 선택했다. 그리고 원하는 그림대로 힘차게 47수로 뻗어갔고 알파고는 48수로 바로 끊어가며 수읽기 싸움을 걸어갔다. 이 부분에는 엄청난 변화들이 숨어 있었다. 한 수만 삐끗해도 바로 끝나버릴 수도 있는 장면이었고 팽팽한 긴장감이 감돌았다. 알파고의 58수는 엄청난 기회를 놓친 수였다. 〈11도〉의 그림으로 갔더라면 이세돌 9단은 돌을 거두어야 할 정도로 큰 치명상을 입게 된다. 그러나 알파고는 그 수를 발견하지 못했고 이세돌 9단은 위기를 넘길 수 있었다. 알파고는 자신의 강점인 부분 접전에서 최선의 길을 찾아내지 못했던 것이다. 부분 수읽기 싸움에서 이세돌 9단이 이긴 것이다.

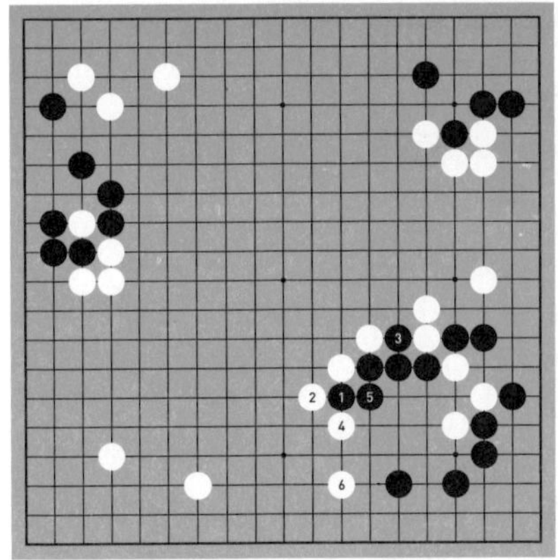

〈10도〉 : 하변을 키우다

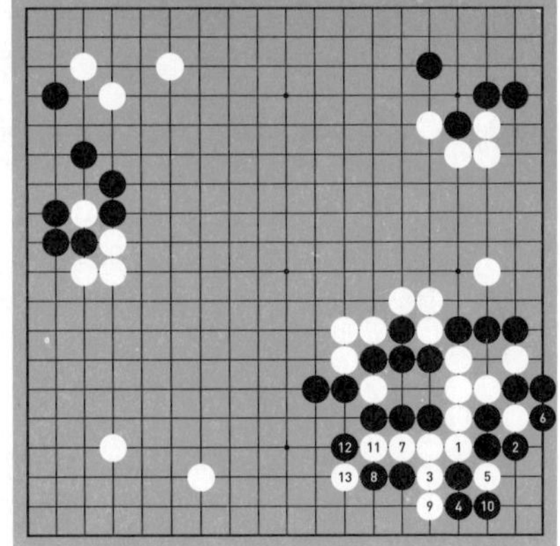

〈11도〉 : 승부 끝

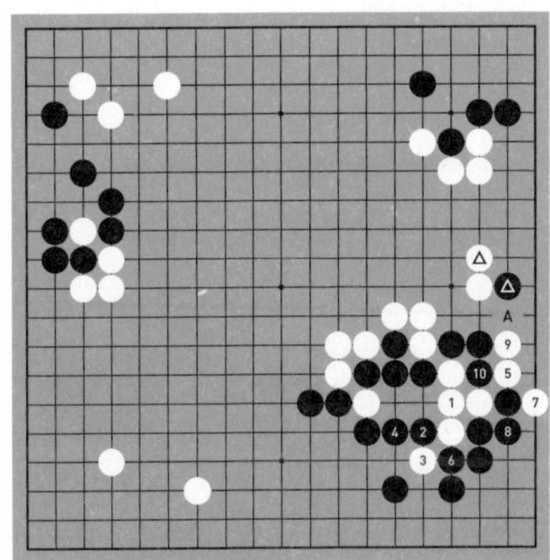

〈12도〉 : △교환의 의미

우하귀 접전은 〈12도〉의 그림이 서로 간에 최선이었다. 2016년 3월 28일에 박정환 9단과 미위팅 9단이 펼친 대국에서는 흑이 △의 교환을 해두어서 A의 끊는 맛을 남겨놓은 사례도 있다.

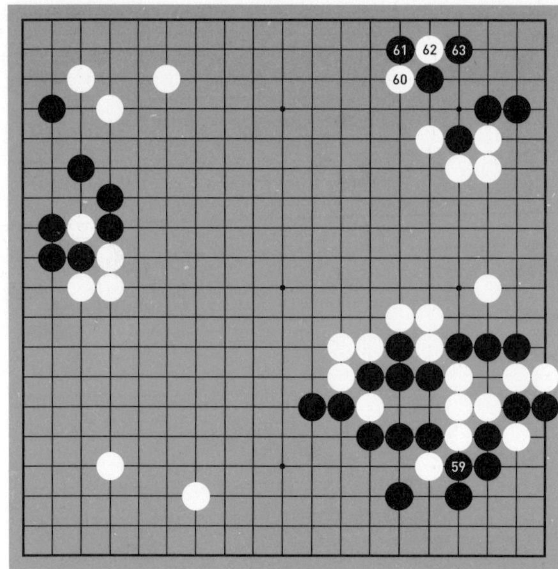

이런 모습을 보더라도 인간은 연구를 거듭하며 최선의 길을 찾으려 노력한다. 부분 접전에서 실패한 알파고는 시선을 돌려 우상귀로 향했다. 60, 62로 상용의 맥 점을 보여줬다. 이세돌 9단도 우하귀에서 포인트를 올렸기 때문에 안전한 길을 선택하며 정리해 나갔는데, 이 부분에 조금 더 좋은 수법이 숨어 있었다.

〈13도〉를 보자. 1로 치받는 수가 강력한 대응책이었다. 지금 장면에서는 중앙과 상변 어느 한쪽으로는 돌파해 나갔어야 했던 것이다. 패가 나는 형태지만 백이 양분되면서 한쪽은 잡힐 수밖에 없다. 흑은 귀를 내어주더라도 백 넉 점만 잡으면 성공인 것이다. 〈14도〉의 그림은 상변으로의 진출이 가능하다. 귀에서는 패가 나지만 그다지 대수롭지 않다. 〈15도〉처럼 중앙을 막아가는 그림은 백의 상변 진영을 파괴하는 동시에 실리를 얻고 유유히 중앙 삭감에만 집중한다면 우세를 지켜나갈 수 있는 그림이다. 이렇듯 복기를 하면 초일류 기사들의 대결도 미세하지만 아쉬운 장면이 등장한다. 그리고 복기를 통해 새로운 것을 배우게 된다.

인생에서의 복기도 중요하다. 예를 들면 인터뷰를 하고나서 복기를 하는 것이다. 그리

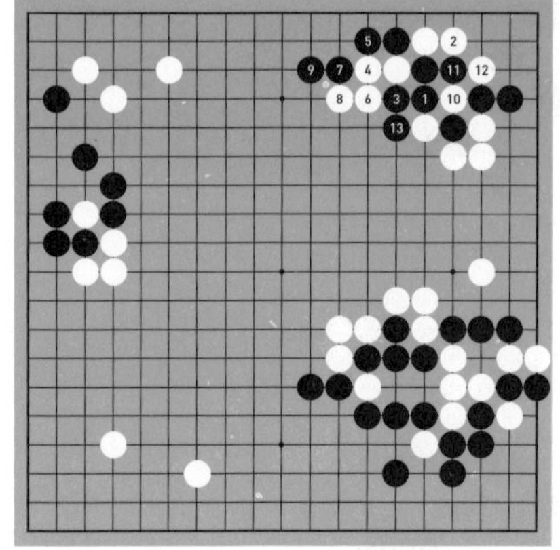

〈13도〉: 강력한 저항   〈14도〉: 백 별로 신통한 게 없다

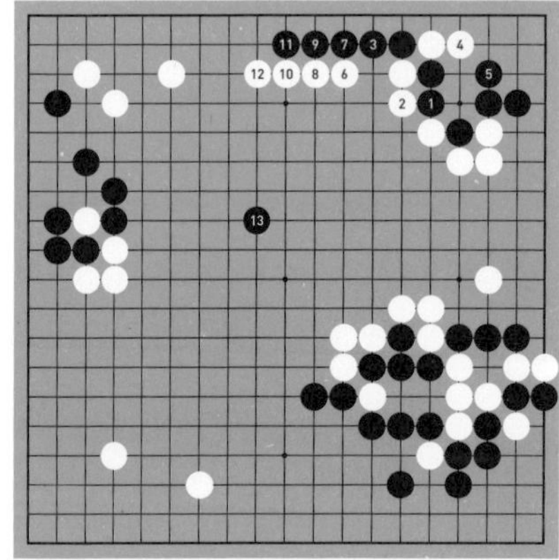

〈15도〉: 흑의 실리가 돋보이다

고 생각을 한다면 '아 이렇게 말할 걸' 하고 후회를 하는 동시에 다음 인터뷰는 더욱 그 럴싸해진다. 방송도 마찬가지다. 나의 방송을 모니터링해보면 엉망인 경우가 많이 있다. 나는 방송인이 아니고 프로기사이기에 어쩔 수 없다. 하지만 계속해서 어떻게 하면 더 재밌고 유익한 방송을 할 수 있을지, 그 장면에서는 어떻게 말을 하는 것이 좋았을지, 자 신이 했던 행위를 반성하고 더 좋은 대안을 생각한다면 발전이 있을 것이라 생각한다.

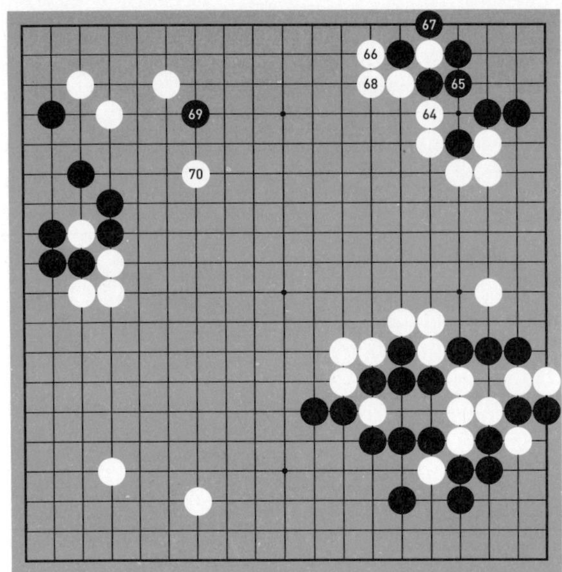

알파고의 64수는 정수였다. 〈16도〉의 그림처럼 실리를 얻어내는 작전도 있었지만 지금의 배석에서는 좋지 않은 선택이다. 우상귀 실리는 얻지만 상변의 주인이 바뀌고 중앙 역시 견제당하기 때문이다.

이세돌 9단은 69수를 가장 많이 후회했다. 알파고의 70을 예상하지 못했다는 것이다. 실전 당시에도 70수가 떨어지자 이세돌 9단은 눈을 찡그렸다. '한방 먹었다'는 생각이 들었던 모양이다. 만약 다시 둘 수 있다면 〈17도〉의 그림처럼 완만한 삭감을 선택했을 것이라고 말했다. 만약 알파고가 상변의 실리를 지켜나간다면 선수를 뽑아 좌변의 전투를 이끄는 것이 좋았다고 생각한 것이다. 아마 알파고 역시 받지 않고 〈18도〉의 그림처럼 좌하귀를 굳혀갈 가능성이 높다. 그렇다면 실전처럼 어깨를 짚어 백 모양을 삭감해 충분한 형세가 되었을 것이다.

70수가 떨어지자 나는 알파고의 승부수가 등장했다고 생각했다. 감각적으로 봤을 때는 상변의 집 모양이 파괴되면서 흑돌이 타개될 가능성이 높아 보였기 때문이었다. 그러나 그조차 알파고는 예상을 하고 70수를 선택했다.

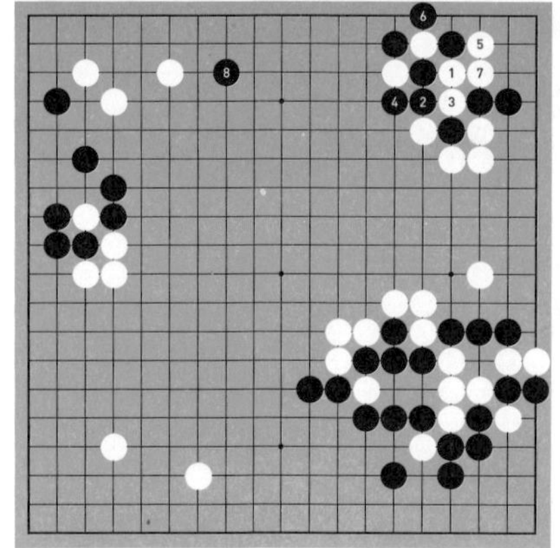

〈16도〉: 잘못된 바꿔치기

〈17도〉: 이세돌 9단의 후회

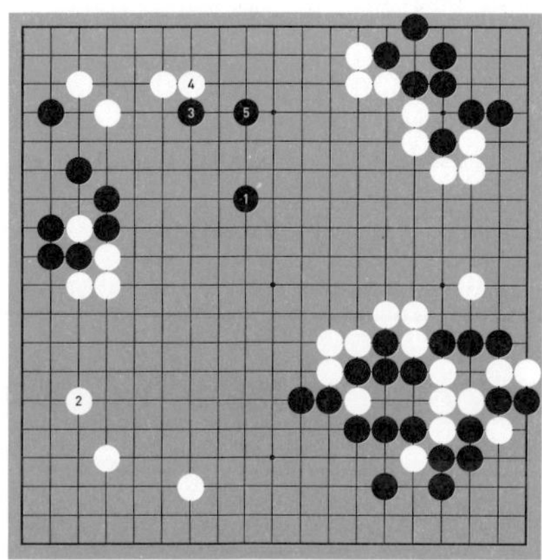

〈18도〉: 깔끔한 삭감

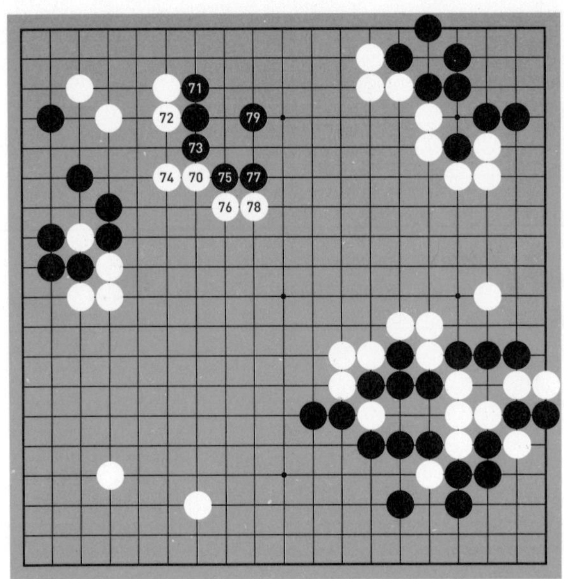

안전한 길을
선택하다

제7보 : 70~79수

70이 떨어진 순간부터는 78수까지의 진행은 예상할 수 있었다. 이 장면에서는 흑의 한 수가 상당히 중요한 선택이 되는 순간이었다. 알파고는 중앙을 노골적으로 키워나가고 있었고 그것을 방해하기 위해서는 〈19도〉의 흑 1수가 꼭 필요했다. 만약 이 수가 가능하다면 알파고의 큰 꿈은 물거품으로 변할 수밖에 없다. 만약 〈19도〉의 그림으로 간다면 흑은 백 진영을 파괴하고 동시에 안정을 취할 수 있다. 〈20도〉의 그림은 A의 패를 둘러싼 복잡한 공방전이 될 가능성이 높지만 21로 끊어간다면 팻감의 우위를 잡을 수 있는 모습이다. 이세돌 9단도 승부처임을 직감하고 장고에 들어갔다. 장기전을 선택할 것인가 아니면 타개에 승부를 볼 것인가. 형세를 어떻게 바라봐야 하는 것인가. 여러 가지 생각을 해야 하는 장면이었다.

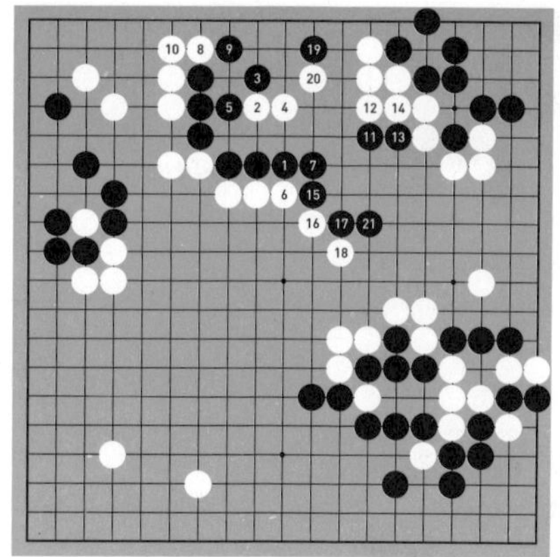

〈19도〉: 승부를 걸었어야

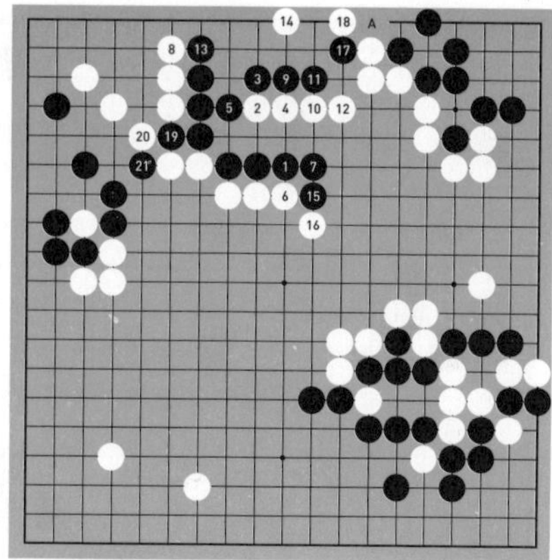

〈20도〉: 패싸움이 관건

이세돌 9단의 선택은 79수였다. 안전한 선택을 하며 장기전으로 가는 길을 선택한 것이다. 알파고의 공격력을 인정해준 선택이었는데 결론적으로 승부수를 던질 타이밍을 놓친 아쉬운 한 수가 되었다.

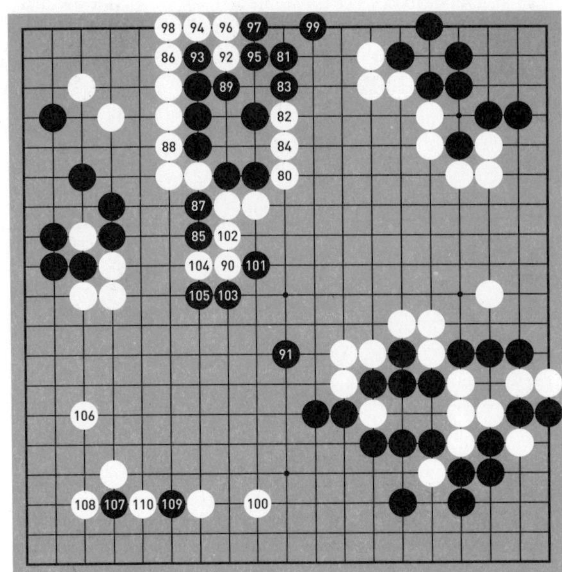

90수와 91수는 맞보기의 자리였다. 알파고는 상변의 교환을 한 뒤 아주 견실하게 100수를 두었다. 보면 볼수록 매력적인 일석삼조의 좋은 자리였다. 흑 진영을 견제하고 백의 진영을 늘리는 의미와 중앙으로 행마한 흑돌을 건너 붙여 끊어가는 수를 노리는 복합적인 의미가 있는 수였다. 101수는 이세돌 9단 다운 화려한 행마였다. 급소 자리를 두어가며 중앙 백 진영의 삭감을 효율적으로 하기 위한 수였다. 알파고는 받아줄 수밖에 없었고 선수로 중앙을 지워갔다. 하지만 집으로 많이 앞선 국면은 아니었다. 아니 오히려 평이하게 두어간다면 불리하게 진행될 가능성이 높은 형세였다.

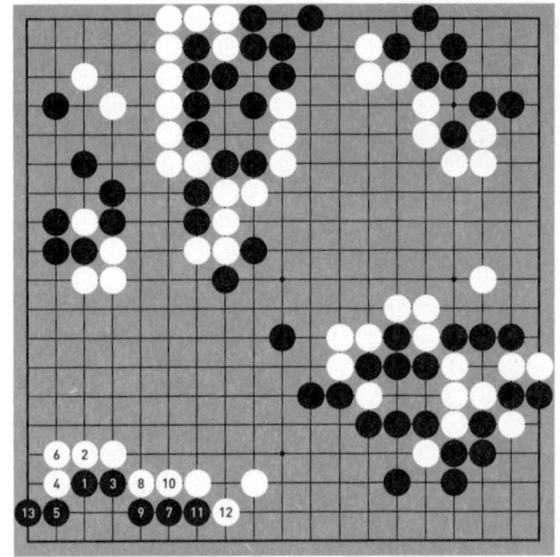

〈21도〉: 집으로 버티다

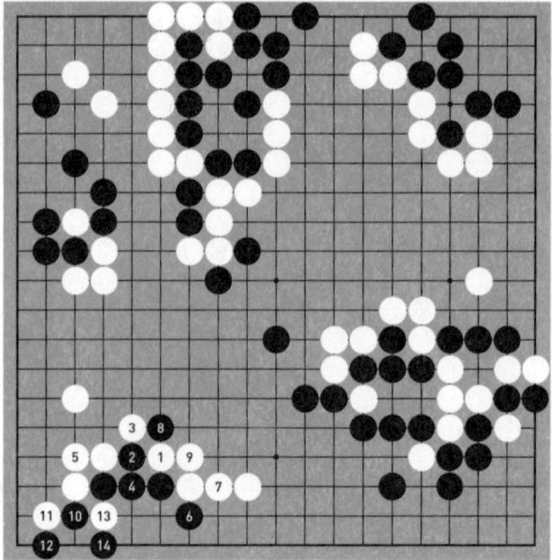

〈22도〉: 천지대패

105수는 아주 두터운 수였지만 〈21도〉의 그림처럼 극단적으로 좌하귀의 실리까지 차지하는 승부수를 던졌으면 어땠을까 하고 생각한다. 실리로 앞서나가고 중앙의 흑돌을 타개하는 극단적인 수법을 두었다면 이 바둑의 향방은 어떻게 흘러갈지 알 수 없는 그림이었을 것이다. 알파고는 106수로 효과적으로 두어갔다. 좌하귀의 백 모양을 모두 집으로 인정해준다면 집이 부족하기 때문에 이세돌 9단은 107수로 격렬하게 흔들어갔다. 3·3으로 들어가 패를 만드는 것은 아무래도 우변의 팻감을 감당하기 힘들다고 판단한 것이다. 107수와 109수는 이런 배석에서 자주 등장하는 콤비네이션이다. 110수로 〈22도〉의 그림처럼 위로 막아간다면 패가 나게 되는데 3·3으로 들어가는 패보다 훨씬 덩치가 큰 패이다. 그렇기 때문에 우변의 팻감은 받지 않고 하변 백돌을 공격하면서 승부를 걸어갈 수 있다.

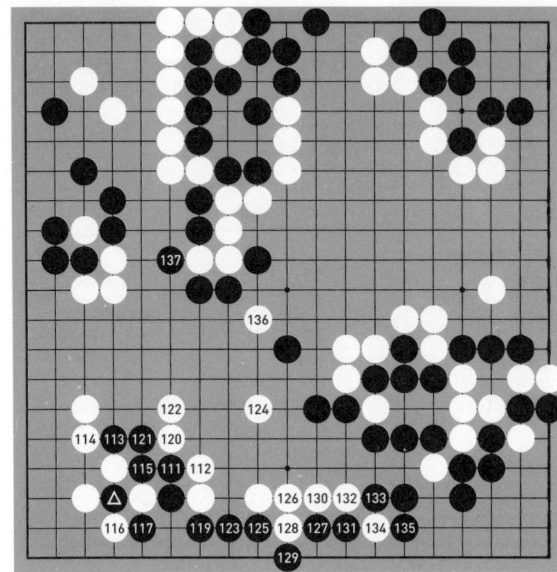

113수가 좋은 타이밍으로 백 진영을 파괴하는 동시에 하변에 많은 실리를 얻어가는 그림을 만들었다. 역시 돌이 붙어가는 접근전에서 이세돌 9단의 모습은 사나운 맹수와도 같았다. 하지만 127수는 〈23도〉처럼 두는 것이 실전보다는 나았다. 그리고 결과적으로도 큰 차이를 만들었다. 약간의 실수는 있었지만 이세돌 9단은 실리로 큰 이득을 보았고 집 균형은 다시 이세돌 9단 쪽으로 넘어갔다. 이제 알파고는 중앙 흑돌을 공격하여 이득을 얻어야만 하는 상황이 되었다.

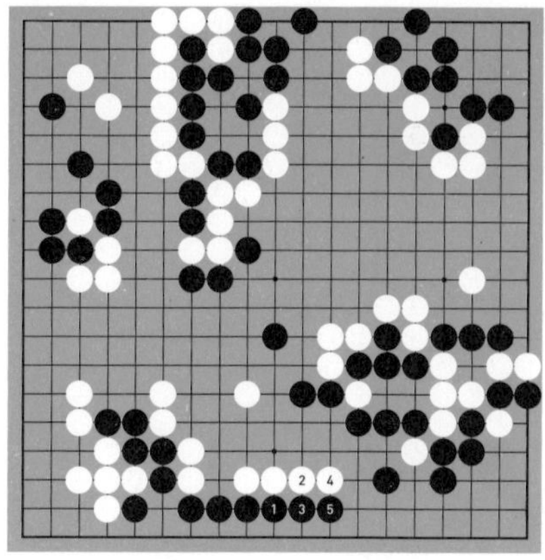

〈23도〉 : 냉정한 정수

여기서 재밌는 것은 알파고가 마치 초읽기에 몰린 사람처럼 하변 쪽에 선수교환을 했다는 것이다. 128수부터 134수까지는 시간이 많이 남아 있는 알파고로서는 굳이 하지 않아도 되는 교환이었다. 아니 팻감으로 쓸 수 있기에 아까운 교환이었다. 그 때 나는 알파고가 제한된 시간 안에 착수를 하도록 설정되어 있는 것이 아닌가 하는 생각이 들었다. 이세돌 9단도 의외라는 표정을 잠시 지었다가 다시 시선을 중앙으로 옮겼다. 결국 승부는 중앙에서 결정되기 때문에 모든 집중력을 중앙 쪽으로 쏟아야 했다.

아주 어려운 장면이었기에 알파고도 초읽기에 몰린 것처럼 하변의 교환들을 한 것이다. 결국 알파고는 136수를 선택했다. 날카로운 급소였다. 전체를 잡으러 가는 것이 아니라 흑돌을 갈라가며 이득을 챙기겠다는 생각이 담긴 수였다. 아주 어렵고 긴박한 상황이기 때문에 장고에 들어갈 수밖에 없었다. 하지만 이세돌 9단의 시간은 고작 15분밖에 남아 있지 않았다. 5분 정도 생각하고 머리를 긁적이며 137수를 두었다. 확신에 차 둔 수라기보다는 시간이 얼마 남지 않았기 때문에 선택한 수였다.

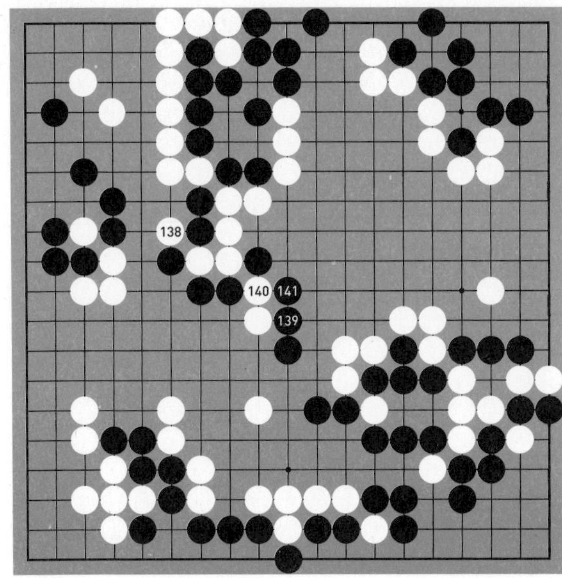

139수는 〈24도〉의 1로 밀어가는 수가 최강수였다. 만약 2, 4로 바로 끊어 온다면 그것은 5로 늘어 A, B 맞보기가 된다. 25의 그림처럼 4로 끊지 않고 빠져나간다 해도 결국 흑돌들은 살아갈 수 있다. 문제는 〈26도〉의 그림처럼 4로 젖혀가는 수가 가능하다는 것이다. 그 수로 인해 중앙의 집은 완성되고 하변의 백돌의 타개도 어렵지 않게 이루어질 수 있다. 그것을 안 이세돌 9단도 141수로 간명한 선택을 했고 이로써 알파고가 약간 우세한 흐름으로 이어졌다.

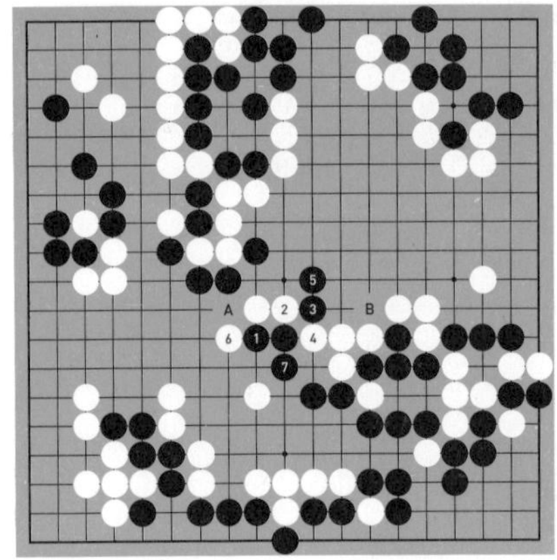

〈24도〉: 맞보기에 걸리다

〈25도〉: 교묘한 탈출

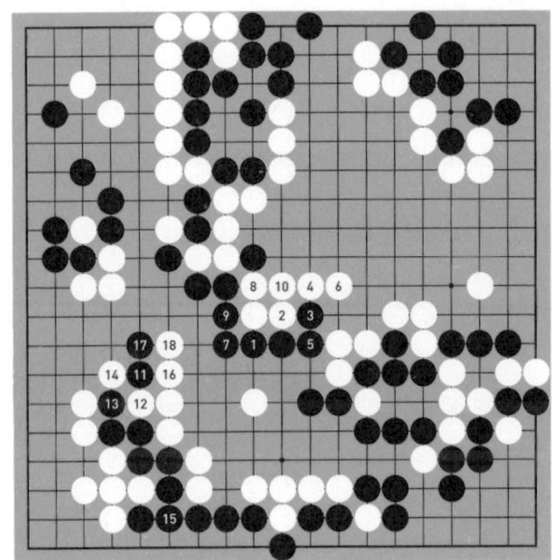

〈26도〉: 흑 무리

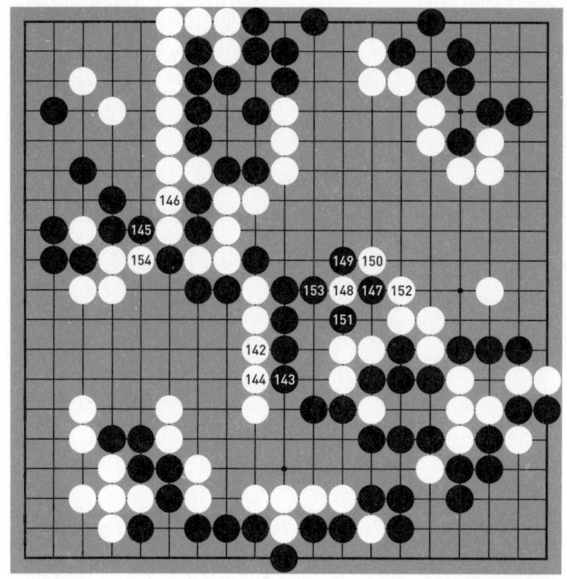

143수 역시 〈27도〉의 1로 끼워가는 수가 성립되지 않는 것이 아쉬웠다. 중앙을 내어 주고 하변 백을 잡으러 가는 수가 성립돼야 하는데 끝내 백돌은 잡히지 않는 그림이다. 〈28도〉로 최선의 공격을 하고 하변 백돌의 꼬리를 잘라가는 그림 역시 덤을 내기가 힘든 그림이다. 147수는 백의 약점을 노리는 동시에 우 중앙 백 진영을 삭감하자는 의미를 담은 수였다. 〈29도〉를 본다면 보통 1로 이어가는 수를 생각한다. 하지만 교환 자체로 당한 것이기 때문에 흑은 2로 손을 돌릴 수 있게 된다. 그렇다고 30도로 흑돌을 잡아가는 것은 2로 그에 상응하는 백돌 역시 내주어야 하기 때문에 미세한 바둑으로 갈 가능성이 높아진다.

알파고는 이 장면에서 148~154수까지 정확한 수순을 보여줬고 그 수순들은 승착이 되었다. 최대한 백 석 점의 가치를 작아지게 만들어놓고 흑 석 점을 잡아간 기묘한 수순이었던 것이다. 이로써 알파고의 우세는 점점 확연하게 눈에 보이기 시작했다. 도저히 덤을 낼 수 없는 형세가 되어버린 것이다.

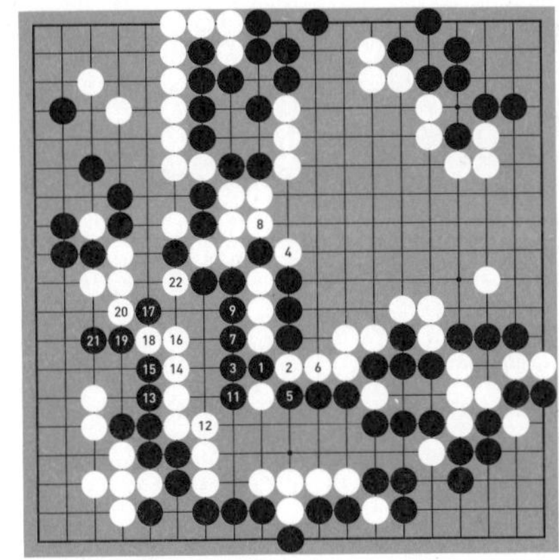

〈27도〉: 잡히지 않는다

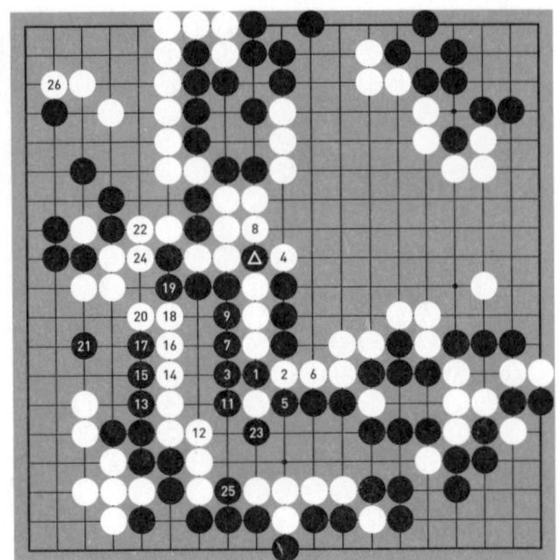

〈28도〉: 덤이 부담스럽다　　　　　10 ······ △

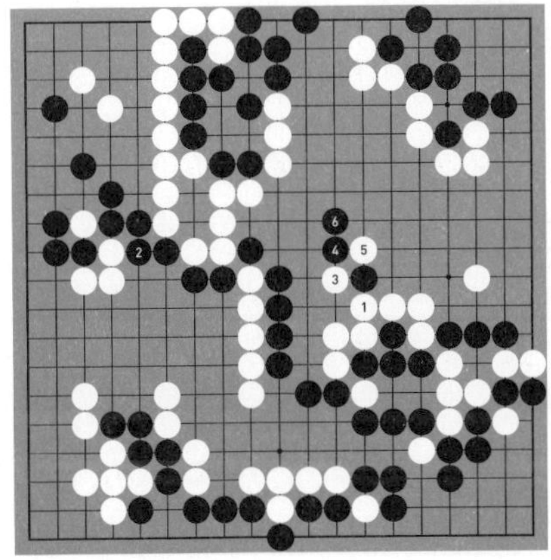

〈29도〉: 받아만 준다면

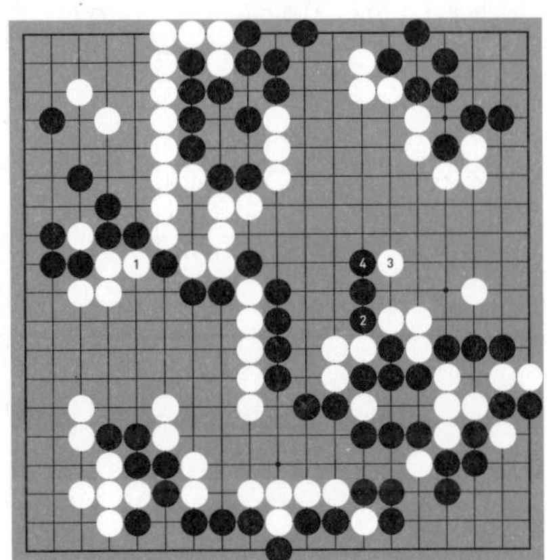

30도 : 역전 코스

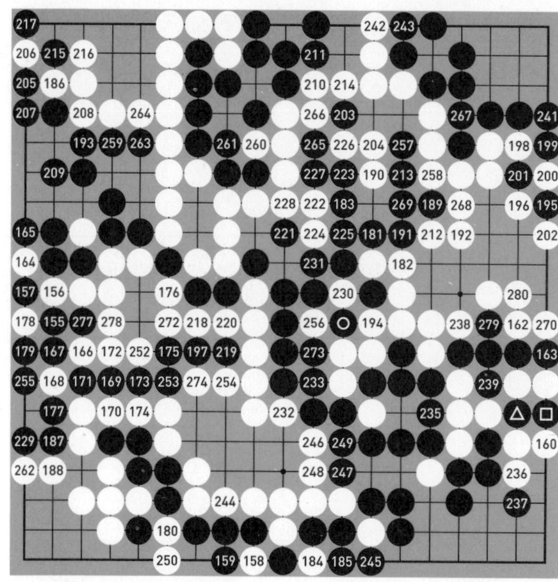

이세돌 9단은 초읽기에 몰린 상황에서도 최선의 끝내기를 찾았고 알파고 역시 우세한 바둑을 철두철미하게 이끌어 나갔다. 이세돌 9단은 169수를 두며 혼신을 담은 노림수를 반상 위에 떨어뜨렸다. 인간이라면 당황할 만큼 날카로운 노림수였다. 하지만 알파고에게는 당황이라는 감정이 없었다. 그저 계산에 의해서만 두어갔고 180수까지 바꿔치기를 결행했다. 그것으로 변수는 사라졌고 알파고의 약간의 우세는 유지되고 있었다.

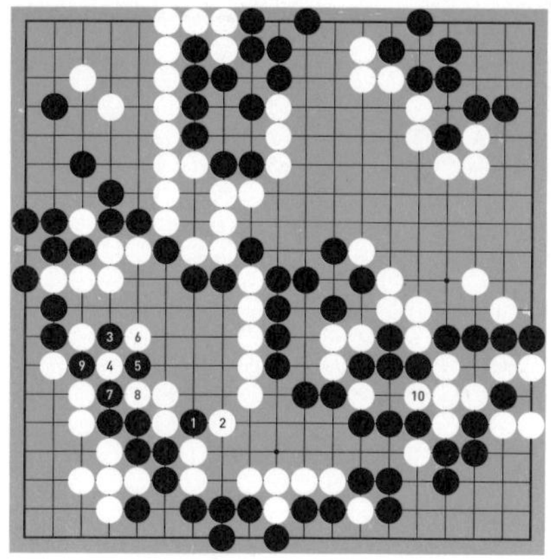

〈31도〉: 한 팻감 부족

〈31도〉를 본다면 다르게 수를 내려 가는 수법도 있었다. 이어서 천지대패가 나게 되는데 백에게는 10이라는 절호의 팻감이 있었다. 손해 팻감이지만 그런 것을 따지지 않아도 괜찮은 상황이다.

바꿔치기 이후 끝내기 수순은 계속해서 이어져갔다. 한 수 한 수 이어졌지만 이세돌 9단은 패배를 직감하고 있었다. 끝내기 수순에서의 알파고의 수법은 빈틈이 없었다. 280수에 이르자 이세돌 9단은 너무나도 아파하는 표정을 지으며 돌을 거둘 수밖에 없었다. 사람들은 이렇게 말했다. 완벽한 승리보다 우리들에게 감동을 준 아름다운 패배였다고.

5국이 끝나고 나서

뜨거웠던 세기의 대결이 막을 내렸다. 비록 패배를 했지만 이세돌 9단은 용감하게 싸웠고 그의 도전은 아름다웠다. 우리는 모두 박수를 보냈다.

바둑을 잘 모르는 사람들은 이렇게 말한다. 바둑이 우리에게 이런 재미와 감동을 줄 수 있는지 몰랐다고. 그저 낯설기만 했던 바둑이 우리의 마음속 깊이 박히게 될 줄 몰랐다고. 이런 말은 프로기사들은 물론 바둑계에 종사하는 모든 이들에게 큰 힘이 된다.

아마도 이 엄청난 무대의 주인공이 이세돌 9단이었기 때문에 가능한 일일지도 모르겠다. 알파고와 접하기 전 우리는 알파고에 대해 아무것도 몰랐고 기존의 바둑 인공지능 컴퓨터와 크게 다르지 않을 것이라 생각했다. 그러나 알파고는 그 생각이 얼마나 교만했는지 일깨워주었고 경각심을 심어주었다. 알파고는 정말 강하고 치밀했다. 그리고 그동안 우리가 생각지 못한 놀라운 감각을 보여줬다. 우리는 마치 미지의 세계로 빠져드는 느낌을 받았고 알파고의 수법에 두려움을 느끼고 때로는 설레기도 했다.

이세돌 9단도 기존에 없던 새로운 형태의 난적을 만나 설렘과 동시에 두려움을 느꼈을 것이다. 알파고는 그 어떤 무기로도 무찌르기 힘든 괴물과 같은 모습을 바둑판 위에서 보여줬다. 1국부터 3국까지는 일방적으로 당했다. 나를 비롯한 대부분의 프로기사와 바둑계는 알파고에 대한 두려움이 극에 달했고 인간으로서 자존감은 철저히 무너지고 바둑을 둔다는 것에 회의감마저 들었다. 이세돌 9단 역시 기자회견에서 밝혔듯이 이런 엄청난 부담감과 압박감은 처음 느껴본다고 했다. 알파고가 두려웠던 것이다. 하지만 필사적으로 자신의 잠재능력을 끌어올리려는 노력을 계속했고 4국에서 기적을 만들어냈다.

4국을 지켜본 후배 기사 중 한 명이 이렇게 말했다.

"지금 이세돌 9단의 표정을 보니 목숨을 걸고 두는 사람 같아요."

그 정도로 이세돌 9단은 자신의 모든 것을 걸고 대국에 임했다. 진정으로 용기 있는 사람은 두려움을 느끼지 못하는 사람이 아니라 두려움을 극복하는 사람이다. 이세돌 9단은 용기 있는 모습을 보여줬고 그 용기에 감복한 하늘도 이세돌 9단에게 신의 한 수를 가져다주지는 않았을까?

이세돌 9단은 가장 아픈 패배로 5국을 꼽았다. 우승 상금과는 상관없이 말이다. 11억의 우승상금은 언젠가부터 이세돌 9단에게 중요하지 않았다. 그것보다는 인류의 대표로서 그 자존심을 지키는 것이 훨씬 더 값지다고 생각했던 것이다. 내용 면에서도 5국은 아쉬움을 남겼다. 모든 대국을 통틀어 가장 좋은 시작을 했었고 이세돌 9단이 착수하는 모습도 그 어느 때보다 자신감에 차 있었다. 마지막 대국을 승리하여 인공지능에게 정복당한 것이 아니라 반대로 인공지능을 학습해 흡수하는 인간의 위대함을 남기고 싶었을 것이다. 그런 간절

함을 알기에 우리도 함께 응원했지만 결국 체력적인 부분과 정신력의 고갈로 인해 끝까지 집중력을 유지하기 힘들었다. 알파고는 지치지도 흔들리지도 않았다. 그것이 이세돌 9단이 말한 인간과 인공지능의 차이였다.

이세돌 9단은 5국 기자회견에서 실력으로는 인간이 아직 인공지능보다 못하다고 생각하지 않는다고 말했다. 이어서 다만 심리적인 측면에서 인간의 약점을 극복하는 것이 최대 난제라는 말을 덧붙였다. 고수들의 싸움에서 가장 중요한 것은 평정심을 유지하는 것이다. 흔들리는 마음과 흩어지는 집중력이야말로 인간의 약점이지만 반대로 생각해보면 인공지능에게는 그런 인간과 싸운다는 이점이 있는 것이다. 객관적으로 알파고와의 대결에서 이기기는 힘들다. 하지만 나는 인간의 무한한 가능성과 잠재능력을 믿는다. 인공지능에게는 없는 뜨거운 심장이 있기에 인간은 종종 기적을 만들어낸다.

에베레스트 산을 창공 위에서 내려다보는 것이 아름다울까? 아니면 베이스캠프에서 바라보는 것이 아름다울까? 어느 쪽이든 그 산을 올라가고 있는 사람들이 보는 에베레스트 산보다는 아름다울 것이다. 오히려 그 산을 올라가는 사람들은 엄청난 고통을 느끼고 포기하고 싶은 심정으로 가득할 것이다. 마치 프로기사가 되기 위해 그리고 이세돌 9단처럼 되기 위해 힘들게 노력하고 있는 많은 후배들처럼 말이다. 하지만 나는 그들에게 말하고 싶다. 힘들 때마다 너희가 얼마나 아름다운 목표를 향해 가고 있는지를 기억하라고.

알파고는 우리에게 엄청난 숙제를 안기고 떠나갔다. 우리는 그 문제의 답을 찾기 위해 또 다른 여정을 떠날 것이다. 지금까지 인류가 그렇게 진화했듯이 말이다.